LE FRANÇAIS,
UNE LANGUE À APPRIVOISER

LE FRANÇAIS,
UNE LANGUE À APPRIVOISER

Textes des conférences prononcées
au Musée de la civilisation (Québec, 2000-2001)
dans le cadre de l'exposition
Une grande langue : le français dans tous ses états

publiés par

CLAUDE VERREAULT, LOUIS MERCIER et THOMAS LAVOIE

LES PRESSES DE L'UNIVERSITÉ LAVAL
2002

Les Presses de l'Université Laval reçoivent chaque année du Conseil des Arts du Canada et de la Société d'aide au développement des entreprises culturelles du Québec une aide financière pour l'ensemble de leur programme de publication.

Nous reconnaissons l'aide financière du gouvernement du Canada par l'entremise de son Programme d'aide au développement de l'industrie de l'édition (PADIÉ) pour nos activités d'édition.

Maquette de couverture : Chantal Santerre

3ᵉ tirage: 2004

Distribution de livres Univers
845, rue Marie-Victorin
Saint-Nicolas (Québec)
Canada G7A 3S8
Tél. (418) 831-7474 ou 1 800 859-7474
Téléc. (418) 831-4021
http://www.ulaval.ca/pul

PRÉSENTATION

Biens communs, ressources partagées, les langues vivantes appartiennent à tous ceux et celles qui s'expriment à travers elles. Il est donc normal que chacun se fasse une opinion sur ce qu'est sa propre langue, quand ce n'est pas sur ce qu'elle devrait être.

Idéalisé par les uns, dénigré par les autres, le français ne fait pas exception. Même si on en parle beaucoup, il demeure encore trop souvent mal connu d'une large part de ses usagers. Que sait-on vraiment de son fonctionnement réel, de ses possibilités d'adaptation ? Où le parle-t-on et à quel titre ? Pourquoi les Québécois le parlent-ils différemment des Français et des autres francophones ? Peut-on dire qu'ils le parlent mieux ou moins bien ? Quel est son avenir au Canada et au Québec ?

À l'occasion de l'exposition *Une grande langue : le français dans tous ses états*, organisée par le Musée de la civilisation, le Centre interdisciplinaire de recherches sur les activités langagières (CIRAL) de la Faculté des lettres de l'Université Laval a cru opportun d'organiser un cycle de conférences intitulé *Le français, une langue à apprivoiser*. Des universitaires ont été invités à répondre, en termes clairs et accessibles, aux principales questions que se posent les Québécois sur cette grande langue qui leur appartient et qu'ils partagent avec des millions d'autres usagers. Cet ouvrage, qui réunit le texte de six des huit conférences prononcées dans ce cadre, trouve naturellement sa place dans la collection « Langue française en Amérique du Nord ».

À titre d'organisateur de l'événement, j'ai maintenant le plaisir de remercier tous ceux et celles qui m'ont apporté leur concours. À tout seigneur, tout honneur : mes premiers remerciements s'adressent à mon collègue Conrad Ouellon, qui a fait naître en moi l'idée de cette série de conférences, ainsi qu'à mes collègues Thomas Lavoie et Louis Mercier, qui m'ont aidé à planifier et à structurer l'ensemble.

Je remercie aussi de façon toute spéciale les conférencières et conférenciers qui ont répondu à l'invitation : Henriette Walter, de l'École Pratique des Hautes Études (Paris) ; Charles Castonguay, de l'Université d'Ottawa ; Claude Poirier, de l'Université Laval ; Louis Mercier, de l'Université de Sherbrooke ; Thomas Lavoie, de l'Université du Québec à Chicoutimi ; Marty Laforest, de l'Université du Québec à Trois-Rivières ; Angéline Martel, de la Télé-université; Esther Poisson, de l'Université Laval. Sans leur collaboration, cet événement n'aurait pu avoir lieu.

Je remercie également le Service de l'animation culturelle du Musée de la civilisation d'avoir accueilli avec autant d'enthousiasme l'idée de ce cycle de conférences, et en particulier M. Martin Le Blanc pour son aide indispensable.

Enfin, je remercie tout particulièrement mes étudiants Caroline Laflamme et Frédérick Gagné pour le support technique qu'ils ont apporté aux conférencières et conférenciers au moment de leur présentation.

CLAUDE VERREAULT
Université Laval

Le français de France et d'ailleurs : unité et diversité

HENRIETTE WALTER
École Pratique des Hautes Études (Paris)

L'exposition qui s'est ouverte à Québec en octobre 2000 s'intitulait
« Une grande langue : le français dans tous ses états ». Juste titre, et pour plusieurs raisons. Tout d'abord, il est réconfortant de rappeler que la langue
française partage avec l'anglais le privilège d'être parlée et étudiée sur les cinq
continents. D'après les dernières estimations, environ 113 millions de personnes ont du français un usage habituel (France, Belgique, Suisse, Canada,
Antilles…), 61 millions en font un usage occasionnel (en Afrique, par exemple) et environ 110 millions l'apprennent dans le monde[1].

Elle est en effet incontestablement présente aux quatre coins du monde,
à la fois sur le plan individuel et dans la plupart des grandes institutions internationales où elle est le plus souvent l'une des langues officielles ou des
langues de travail (ONU, UNICEF, UNESCO, OTAN, OCDE, Union
européenne, Conseil de l'Europe, Jeux olympiques, etc.) (*cf.* annexes 1 et 2).

Du fait de son expansion très loin de son lieu d'origine et de son utilisation dans les circonstances les plus variées, et au contact de différentes langues, elle ne pouvait pas manquer de se diversifier.

Pourtant, quand on enseigne le français, on s'efforce au contraire d'en
souligner l'unité, et on a bien raison, car c'est sans doute cette unité qui a été
un des facteurs de sa pérennité. Tout d'abord langue d'un groupe de privilégiés, savants et gens de pouvoir de l'Île-de-France, cette langue française devenue prestigieuse, qui s'est par la suite répandue à mesure que s'agrandissait
le royaume de France, s'est alors trouvée en contact avec de nombreux autres

---

1. Chiffres pour l'an 2000, communiqués par la Délégation générale à la langue française (Paris).

idiomes, qui l'ont façonnée, colorée, personnalisée chacun à sa manière. Si bien qu'on n'hésite pas aujourd'hui à parler du « français de Belgique », du « français de Suisse, du Québec ou d'Afrique », en soulignant ce qui les distingue du « français de France ».

Le français, langue accueillante

Mais avant même de s'être répandue hors de France, cette langue avait pu s'enrichir d'apports divers : déjà latine par ses origines, elle a à nouveau puisé dans le latin classique en donnant naissance à d'innombrables doublets, tels que *droit* et *direct, écouter* et *ausculter, frêle* et *fragile*, ou encore *poison* et *potion*, où la première forme est « vulgaire » et la seconde « savante » (*cf.* Walter, 1997 : 51-64, et 1999).

Elle a aussi emprunté au grec, souvent par l'intermédiaire du latin, ainsi qu'à diverses autres langues. Je ne donnerai que quelques exemples de ces emprunts, aujourd'hui souvent difficiles à reconnaître car l'évolution phonétique a eu pour effet de brouiller les pistes : du germanique ancien, par exemple, des centaines de mots ont pénétré en français, parmi lesquels *jardin* ou *guerre*. Le scandinave, autre langue germanique apportée par les Vikings au xᵉ siècle, a eu une influence bien moindre, mais on lui doit en particulier l'un des plus jolis mots de la langue française, le mot *joli*. C'est à peu près à la même époque que l'arabe, langue de la science au Moyen Âge, langue des mathématiques, de l'astronomie, de la chirurgie et de la médecine, apportera un vocabulaire savant considérable : *algèbre, alcool, zénith* et *nadir, chiffre, zéro*... Plus proches dans l'espace, les diverses langues régionales de France enrichiront le français de mots comme *brioche, usine, échantillon, abeille* (issus des dialectes d'oïl, du francoprovençal ou des dialectes d'oc) ou encore *bizarre* (du basque), *bijou* (du breton), *kermesse* (du flamand) ou *quetsche* (de l'alsacien).

Plus tard, les emprunts à l'italien ont été massifs (*alerte, alarme, douche, costume, villégiature, violoncelle*...). L'espagnol a apporté non seulement des mots d'origine latine, comme *camarade, pastille* ou *résille,* mais aussi des mots venus d'Amérique (*chocolat, tomate*...), tout comme le portugais, avec d'un côté *pintade* et de l'autre *cobaye* ou *jaguar* (du tupi). L'anglais ne sera véritablement une source d'emprunts qu'à partir du xviiiᵉ siècle (*cf.* Walter, 1997 et 2001 ; Walter et Walter, 1991).

Mais auparavant, le français avait pris le large et était parti à la conquête de l'Amérique. Il s'est par la suite également implanté aux quatre coins du monde, en acquérant chaque fois des mots, des intonations et des tournures nouvelles, qui ont enrichi ses possibilités d'expression. Il en est résulté des différences dans cette langue française transportée.

Ces différences se manifestent tout d'abord très clairement dans ce que l'on appelle communément l'«accent».

L'«accent»

À m'entendre depuis quelques minutes, vous avez sans doute déjà repéré que je ne suis pas d'ici, que je suis peut-être de là, ou, qui sait, d'un peu plus loin, de là-bas (et vous auriez raison). Cet «accent», qui est donc la chose du monde la mieux partagée – mais, bien sûr, on pense toujours que c'est l'autre qui a un accent – mérite d'être célébré car il est une des composantes de l'identité de chacun. Écoutons ce qu'en dit le poète :

> Emporter de chez soi les accents familiers,
> C'est emporter un peu sa terre à ses souliers !
> [...]
> L'accent ? Mais c'est un peu le pays qui vous suit !
> [...]
> C'est, pour les malheureux à l'exil obligés,
> Le patois qui déteint sur les mots étrangers !
> Avoir l'accent, enfin, c'est, chaque fois qu'on cause,
> Parler de son pays en parlant d'autre chose !... (Zamacoïs, 1910 : 94-95)

Le lexique

Mais il n'y a pas que la prononciation. Il y a aussi les mots que l'on emploie. La salade, vous la *tournez* ? Vous la *remuez* ? Vous la *brassez* ? Vous la *touillez* ? Vous la *fatiguez* ? Vous l'*épuisez* ? Tous ces verbes, et encore bien d'autres, peuvent exprimer ce geste spécifique. Dans les usages de France, c'est *tourner* qui est le plus répandu, mais ce serait plutôt *brasser* en Bretagne romane, *terbouler* dans le Cher, *fatiguer* dans le Midi. Plus rarement attestés sont les verbes *ensaucer*, *malaxer*, *mouver* ou encore *virer* (*cf.* Walter, 1988 : 166-168, et 1986).

On a pu en outre recenser plus de 25 noms différents, selon les régions, pour la salade aux petites feuilles vertes et tendres que l'on connaît sous le nom de *mâche* à Paris : *blanchette* est attesté un peu partout, mais on trouve *doucette*, surtout dans le Midi toulousain et pyrénéen, *laitue à lièvres*, ou *levrette* dans le Beaujolais, *pommette* ou *pomâche* en Bourgogne, *oreillette*, *orillette*, *orillotte* en Champagne, *rampon* en Suisse romande et en Savoie, *brous-*

sette ou *boursette* en Poitou-Charentes, etc. (*cf.* Walter, 1998 : 171). Les formes qui désignent cette sorte de salade sont souvent si nombreuses que l'on aurait parfois intérêt, pour s'y reconnaître, à employer le nom latin *valerianella olitoria*. C'est d'ailleurs ce que font certains horticulteurs un peu savants.

Les noms des poissons aussi sont des révélateurs géographiques : le *colin* parisien correspond au *merlu* marseillais, le poisson que l'on nomme la *lotte* dans les régions septentrionales de la France est appelé la *baudroie* dans le Midi et on est parfois surpris d'apprendre que *bar* et *loup* sont seulement deux noms différents, l'un du Nord, l'autre du Midi, pour le même poisson.

Les formes verbales aussi peuvent être cartographiées. Si au Québec on *pitonne*, en France, on *appuie sur le bouton* (on peut aussi *pianoter* dans certains cas), mais en Suisse, on *pèse sur le bouton*. Pour dire que l'on bavarde, cela peut être *placoter* (ou *jaser*) au Québec et en Acadie, *bavasser* dans la Sarthe et en pays nantais, *blaguer* à Marseille et à Saint-Pierre-et-Miquelon, mais encore *bagouiller, bagouler, bagousser, berdasser, beurdasser, jaboter, marner, ramager, tchatcher* (ce dernier, d'abord attesté en Algérie, s'est très largement répandu en France ces dernières années).

Enfin, la vie scolaire est particulièrement riche en dénominations diverses, par exemple pour désigner le sac des écoliers. En France, on le nomme le plus souvent *cartable* (terme qui, au Québec, désigne ce qu'en France on appelle *classeur* ou *dossier*), mais c'est un peu différent selon les régions : en Normandie, c'est plutôt *carte*, en Auvergne, *vache*, dans le Forez, *boge* (vieux mot d'origine gauloise, d'où *bouge, bougette* « petit sac » en ancien français, qui, après être passé par l'anglais, est devenu *budget*). En Belgique, *calepin* (et en Wallonie, *carnassière*), au Québec, *sac d'école*.

Mais là où la variété est vraiment impressionnante, c'est peut-être pour exprimer l'idée de se reposer au lieu d'aller en classe : à côté de *faire l'école buissonnière*, l'on entend aussi *sécher l'école* (un peu partout en France), *mouiller l'école* (en Afrique), *tailler l'école* (à Gap), *gâter l'école* (en Suisse), *faire l'école bis* (aux Antilles), *faire mancaora* (en Algérie), *faire la fouine* (dans le Berry), *faire la cancosse* ou *faire le plantier* (en Auvergne) (*cf.* Walter, 1998 : 325).

La grammaire

Il faut aussi signaler quelques différences à propos des formes grammaticales qui permettent parfois d'identifier le lieu de naissance de celui qui parle : *tu viens avec ?*, pour « tu viens avec nous ? », révèle qu'il s'agit sans doute d'un Alsacien, ou peut-être d'un Suisse, et *ce couteau, il a eu coupé*, pour « il a coupé autrefois, mais il ne coupe plus », est surtout attesté dans le Midi de la France ou en Suisse (*cf.* Walter, 1988 : 170-172, et 1981 ; Jolivet, 1984).

Enfin, le genre des noms n'est pas vraiment stable. On peut entendre par exemple *un armoire* (avec l'article au masculin) dans le Roussillon (*cf.* Walter, 1998 : 203), qui rappelle ainsi que cela avait été la norme au XVII⁰ siècle. Vaugelas (1647) signale que le genre était encore fluctuant pour d'autres mots comme *épithète* (p. 26), *poison* (p. 34 et 527) ou *intrigue* (p. 126), et on ne doit donc pas être surpris de voir *fourmi* au masculin chez Ronsard et *navire* au féminin chez Montaigne.

Plus près de nous, on peut remarquer que, par exemple, en France, on dit *un job*, mais *une job* au Québec, et *un gang* (de malfaiteurs) en France, mais *une gang* (un groupe quelconque) au Québec.

La langue française et la dimension géographique

Toutes ces différences que l'on découvre au hasard des rencontres, on les remarque généralement à peine et on ne s'y arrête pas car on les comprend sans difficulté, même si l'on n'a jamais entendu dire de façon imagée, comme en Côte d'Ivoire, d'un « beau parleur » qu'il *a la bouche sucrée*, ou, comme au Tchad, *viruler* pour « bifurquer » ou encore, comme au Cameroun, *glisser pour quelqu'un*, ce qui signifie « avoir un faible pour quelqu'un ». Toujours en Afrique, lorsqu'un homme déclare d'un air sérieux qu'il va « à son deuxième bureau », il faut comprendre qu'il va voir sa maîtresse.

La plupart du temps, tout se passe comme si la dimension géographique était acceptée comme faisant partie intégrante de la langue, comme si langue française et géographie étaient intimement liées. Une impression qui est confirmée par les faits.

Des mots qui évoquent des lieux

Pour s'en persuader, on peut se livrer au petit jeu qui consiste à essayer de retrouver le nom de lieu qui vient immédiatement à l'esprit à la simple évocation du nom d'un objet, d'une nourriture, d'un personnage ou d'une phrase célèbre. Ainsi, en France, les *mouchoirs* sont de Cholet, les *alignements*, de Carnac, la « *tapisserie* »[2], de Bayeux, les *tapisseries*, d'Aubusson.

Pour les personnages, c'est une chanson qui vient à l'esprit avec les *filles* de Camaret. Par ailleurs, c'est un tableau qui est évoqué avec les *demoiselles* d'Avignon, le célèbre tableau de Picasso qui marque le début du cubisme, vers 1906 ; ici, cependant, Avignon est un leurre car ces jeunes personnes exerçant le plus vieux métier du monde ne se trouvaient pas à Avignon, mais rue d'Avignon, à Barcelone. On peut aussi penser aux *demoiselles* de Rochefort, si l'on est plus enclin à évoquer le cinéma que la peinture. Et si l'on veut bien se replacer dans le cadre de l'histoire de France, la *pucelle* ne peut être que d'Orléans (Jeanne d'Arc), les *bourgeois* sont ceux de Calais et l'*homme,* celui de Cro-Magnon.

Enfin, il est aisé de deviner quelle est la ville dont un futur roi de France a pu dire qu'elle « valait bien une messe » : c'est Paris.

Paris, zone de départ et centre de diffusion

Paris, voilà le grand mot lâché : Paris, ville-lumière et ville de perdition, à la fois pôle d'attraction et objet de critique, Paris, qui ne laisse personne indifférent. C'est que, pour la langue française, Paris a vraiment été – sans jeu de mot – d'une importance *capitale.*

Historiquement, c'est de Paris que tout est parti, depuis 987, date à laquelle Hugues Capet s'est fait couronner roi de France et surtout depuis que les rois de France ont choisi l'Île-de-France et l'Orléanais comme lieu de résidence. Le latin, qui s'était diversifié en de multiples dialectes, s'était alors enrichi au contact d'autres langues, de France et hors de France. Cette langue a alors été réglementée, unifiée selon une norme recommandée pour aboutir progressivement à la langue française telle qu'elle s'est, au cours des siècles, répandue très largement hors de son lieu de naissance.

C'est donc une langue remodelée selon une norme concertée qui s'est alors imposée, ou plutôt surimposée aux langues de substrat dans les différentes régions, comme langue des échanges plus formels, face aux langues nées du latin ou d'autres souches – le basque, le breton, le flamand, le francique lorrain ou l'alsacien – qui avaient librement évolué partout ailleurs.

---

2. La tapisserie de Bayeux n'est pas une tapisserie mais une broderie, d'où le singulier et les guillemets pour mieux la distinguer des tapisseries d'Aubusson.

Paris-terroir et Paris-creuset

Avant de conclure ce survol rapide de la langue française entre unité historique et diversité géographique, il est nécessaire de revenir sur la situation paradoxale de Paris, lieu ambigu par excellence. En ce qui concerne la langue française, il n'est pas exagéré d'affirmer qu'il y a deux Paris, car on peut y voir à la fois une région comme les autres, un terroir où des formes linguistiques particulières ont vu le jour, et un lieu de rencontre incomparable, où viennent interagir mille formes importées, venues de plus ou moins loin.

Il en résulte deux entités aux caractéristiques linguistiques bien différentes mais qui, depuis des siècles, cohabitent géographiquement : d'un côté subsiste le *Paris-terroir*, qui est une région linguistique comme les autres, qui mérite en vérité qu'on s'y intéresse, mais pas plus qu'on ne s'intéresse aux autres lieux où la langue française s'est implantée et a survécu, et d'un autre côté le *Paris-creuset*, qui est beaucoup plus riche et diversifié, et donc beaucoup plus prometteur, qualités qu'il doit à son dynamisme né depuis des siècles des apports de tous ces «Parisiens de province» et de l'étranger qui forment l'essentiel de sa population.

C'est sans doute pour cette raison, mais sans en avoir vraiment conscience, qu'on a souvent considéré qu'en matière de langue, Paris jouait incontestablement un rôle directeur. Il s'agissait en réalité du *Paris-creuset*, dont il faut toutefois rappeler qu'il ne favorise pas forcément les caractéristiques propres du *Paris-terroir* : témoin, par exemple, l'abandon progressif de la distinction des deux *a* (celui de *mal* et celui de *mâle*), pourtant traditionnelle dans le *Paris-terroir*. On peut donc dire que ce Paris-là ne l'emporte pas toujours.

Le français, riche de sa diversité

En guise de conclusion provisoire, il faudrait aussi faire remarquer que si, historiquement, Paris a joué un rôle de premier plan pour la langue française en France et hors de France, c'est de nos jours l'affirmation des spécificités particulières de cette langue dans les divers lieux où elle s'est développée qui s'affirme avec de plus en plus de force.

Alors qu'en France, on ne s'intéresse aux français régionaux que depuis les années 1970, on le faisait depuis longtemps au Québec, en Belgique ou en Suisse, mais il s'agissait alors de québécismes, de belgicismes ou d'helvétismes, considérés le plus souvent comme des «fautes». Ce qui est nouveau depuis quelques années, c'est que tous les francophones ont pris conscience du fait que sur un tronc commun, riche d'une tradition ancienne et prestigieuse, il y a une place de choix pour des particularités dont on peut et on doit être fier : ce sont elles qui donnent couleur et surcroît de vie à cette vieille langue française qu'on aime et qu'on souhaite voir fructifier, et qui, sans les apports constants venus d'ailleurs, finirait par s'étioler comme une fleur insuffisamment arrosée.

Références

JOLIVET, Remi (1984), «L'acceptabilité des formes verbales surcomposées», *Le Français moderne*, Paris, tome 52, n° 3-4 (*Le français en Suisse romande : approches sociolinguistiques*), p. 159-182.

VAUGELAS, Claude Favre de (1647), *Remarques sur la langue françoise*, Genève, Slatkine Reprints, 1970, lii-623 p. [Réimpr. en fac-similé de l'éd. originale de 1647 ; introduction, bibliographie et index par Jeanne Streicher.]

WALTER, Henriette (1981), «Le surcomposé dans les usages actuels du français», *Actants, voix et aspects verbaux. Actes des Journées d'études linguistiques de l'Université d'Angers (22-23 mai 1979)*, Angers, Presses de l'Université d'Angers, p. 24-42.

—— (1986), «Un sondage lexical en marge de l'enquête phonologique sur les français régionaux», *Actes du XVIIe Congrès international de linguistique et philologie romanes (Aix-en-Provence, 29 août – 3 septembre 1983)*, vol. 6 (*Variation linguistique dans l'espace : dialectologie et onomastique*), Aix-en-Provence, Service des publications de l'Université de Provence, p. 259-268.

—— (1988), *Le français dans tous les sens*, Paris, Éditions Robert Laffont, 384 p.

—— (1997), *L'aventure des mots français venus d'ailleurs*, Paris, Robert Laffont, 344 p.

—— (1998), *Le français d'ici, de là, de là-bas*, Paris, JC Lattès, 416 p.

—— (1999), «Le français, langue d'accueil : chronologie, typologie et dynamique», *Current Issues in Language and Society*, Clevedon, vol. 6, n°s 3-4 (*French : an accomodating language ? / Le français : langue d'accueil ?*), p. 170-194.

—— (2001), *Honni soit qui mal y pense. L'incroyable histoire d'amour entre le français et l'anglais*, Paris, Robert Laffont, 364 p.

WALTER, Henriette, et Gérard WALTER (1991), *Dictionnaire des mots d'origine étrangère*, Paris, Larousse («Références, Langue française»), 413 p.

ZAMACOÏS, Miguel (1910), *La fleur merveilleuse*, Paris, Librairie Charpentier et Fasquelle, 213 p.

ANNEXE 1

Le français dans le monde

Régions	États où le français est reconnu comme langue officielle[3]
EUROPE	France, Monaco, Belgique*, Luxembourg*, Suisse*, Val d'Aoste*, Îles anglo-normandes*
AFRIQUE	Bénin, Burkina Faso, Burundi*, Cameroun*, Centrafrique, Congo, Côte-d'Ivoire, Djibouti*, Gabon, Guinée, Guinée Équatoriale*, Mali, Mauritanie*, Niger*, Rwanda*, Sénégal, Tchad*, Togo, Zaïre
AMÉRIQUE	Canada*, Louisiane* Départements français d'outre-mer : Guadeloupe, Martinique, Saint-Pierre et Miquelon, Guyane
OCÉAN INDIEN	Comores*, Madagascar*, Seychelles* Territoire français d'outre-mer : Mayotte Département français d'outre-mer : Réunion
OCÉANIE	Vanuatu* Territoires français d'outre-mer : Nouvelle-Calédonie, Wallis-et-Futuna, Polynésie

---

3. Dans cette colonne, l'astérisque indique qu'un État possède plusieurs langues officielles.

ANNEXE 2

Statut du français dans les organisations internationales

Tableau 1
Organisation des Nations Unies (ONU) et institutions associées

Organisations	Statut du français
Agence internationale de l'énergie atomique (AIEA), Vienne	Langue officielle (avec quatre autres langues)
Centre des Nations Unies pour les établissements humains (CNUEH), Nairobi	Langue officielle et langue de travail (avec quatre autres langues)
Commission des droits de l'homme, Genève	Langue officielle (avec cinq autres langues) ; langue de travail (avec l'anglais)
Commission économique pour l'Amérique latine et les Caraïbes (CEPALC), Santiago	Langue officielle et langue de travail
Commission économique pour l'Europe (CEE/ONU), Genève	Langue officielle (avec cinq autres langues) ; langue de travail (avec l'anglais et le russe)
Conférence des Nations Unies sur le commerce et le développement (CNUCED), Genève	Langue officielle (avec cinq autres langues) ; langue de travail (avec l'anglais)
Cour internationale de justice (CIJ), La Haye	Langue officielle (avec l'anglais)
Fonds des Nations Unies pour l'enfance (UNICEF), New York	Langue officielle (avec quatre autres langues) ; langue de travail (avec l'anglais et l'espagnol)
Fonds international de développement agricole (FIDA), Rome	Langue officielle (avec l'anglais, l'arabe et l'espagnol) ; langue de travail (avec l'anglais)
Haut Commissariat des Nations Unies pour les réfugiés (HCR), Genève	Langue officielle (avec quatre autres langues) ; langue de travail (avec l'anglais)
Organisation de l'aviation civile internationale (OACI), Montréal	Langue de travail (avec 5 autres langues)
Organisation des Nations Unies pour l'alimentation et l'agriculture (FAO), Rome	Langue officielle et langue de travail (avec quatre autres langues)
Organisation des Nations Unies pour l'éducation, la science et la culture (UNESCO), Paris	Langue officielle (avec huit autres langues) ; langue de travail (avec l'anglais et cinq autres langues)

Organisations	Statut du français
Organisation des Nations Unies pour le développement industriel (ONUDI), Vienne	Langue officielle (avec cinq autres langues) ; langue de travail (avec l'anglais)
Organisation des Nations Unies (ONU), New York	Langue officielle (avec cinq autres langues) ; langue de travail (avec l'anglais)
Organisation internationale du travail (OIT), Genève	Langue officielle (avec l'anglais)
Organisation maritime internationale (OMI), Londres	Langue officielle (avec cinq autres langues) ; langue de travail (avec l'anglais et l'espagnol)
Organisation météorologique mondiale (OMM), Genève	Langue officielle et langue de travail (avec cinq autres langues)
Organisation mondiale de la propriété intellectuelle (OMPI), Genève	Langue officielle et langue de travail (avec l'anglais)
Organisation mondiale de la santé (OMS), Genève	Langue officielle (avec cinq autres langues) ; langue de travail (avec l'anglais)
Organisation mondiale du commerce (OMC), Genève	Langue officielle (avec l'anglais et l'espagnol) ; langue de travail (avec l'anglais)
Organisation mondiale du tourisme (OMT), Madrid	Langue officielle (avec trois autres langues)
Programme alimentaire mondial (PAM), Rome	Langue officielle
Programme des Nations Unies pour l'environnement (PNUE), Nairobi	Langue officielle et langue de travail (avec cinq autres langues)
Programme des Nations Unies pour le développement (PNUD), New York	Langue officielle (avec quatre autres langues) ; langue de travail (avec l'anglais et l'espagnol)
Union internationale des télécommunications (UIT), Genève	Langue officielle (avec cinq autres langues) ; langue de travail (avec l'anglais et l'espagnol)
Union postale universelle (UPU), Berne	Langue officielle

Tableau 2
Union européenne et institutions associées

Organisations	Statut du français
Banque européenne d'investissement (BEI), Luxembourg	Langue officielle (avec dix autres langues) ; langue de travail (avec l'anglais et l'allemand)
Centre européen pour le développement de la formation professionnelle (CEDEFOP), Thessalonique	Langue officielle et langue de travail (avec huit autres langues)
Cour de justice des communautés européennes (CJCE), Luxembourg	Langue officielle et langue de travail (avec onze autres langues)
Cour des comptes européenne, Luxembourg	Langue officielle (avec dix autres langues) ; langue de travail (avec l'anglais)
Fondation européenne pour l'amélioration des conditions de vie et de travail, Dublin	Langue officielle et langue de travail (avec huit autres langues)
Institut universitaire européen (IUE), Florence	Langue officielle (avec huit autres langues) ; langue de travail (avec cinq autres langues)
Organisation européenne pour l'exploitation de satellites météorologiques (EUMETSAT), Darmstadt	Langue officielle (avec l'anglais)
Union européenne (Commission, Conseil, Institut monétaire européen), Bruxelles	Langue officielle et langue de travail (avec 10 autres langues)

Tableau 3
Organisations coordonnées

Organisations	Statut du français
Agence spatiale européenne (ASE), Paris	Langue officielle (avec l'anglais et l'allemand) ; langue de travail (avec l'anglais)
Conseil de l'Europe, Strasbourg	Langue officielle et langue de travail (avec l'anglais)
Organisation de coopération et de développement économique (OCDE), Paris	Langue officielle et langue de travail (avec l'anglais)
Organisation des États américains	Langue officielle et langue de travail

Organisations	Statut du français
(OEA), Washington	(avec l'anglais, l'espagnol et le portugais)
Organisation du Traité de l'Atlantique Nord (OTAN), Bruxelles	Langue officielle et langue de travail (avec l'anglais)
Office européen des brevets (OEB), Munich	Langue officielle et langue de travail (avec l'anglais et l'allemand)
Union de l'Europe occidentale (UEO), Bruxelles	Langue officielle et langue de travail (avec l'anglais)

Tableau 4

Autres organisations internationales ou intergouvernementales

Organisations	Statut du français
Banque africaine de développement (BAD), Abidjan	Langue officielle (avec l'anglais)
Banque européenne pour la reconstruction et le développement (BERD), Londres	Langue de travail (avec l'anglais, l'allemand et le russe)
Organisation européennne pour la recherche nucléaire (CERN), Genève	Langue officielle (avec l'anglais)
Centre international d'études pour la conservation et la restauration des biens culturels (ICCROM), Rome	Langue officielle et langue de travail (avec l'anglais)
Commission centrale pour la navigation sur le Rhin (CCNR), Strasbourg	Langue officielle et langue de travail (avec l'anglais, l'allemand et le néerlandais)
Commission du Pacifique Sud, Nouméa	Langue officielle et langue de travail (avec l'anglais)
Commission internationale pour la protection du Rhin (CIPR), Koblenz	Langue officielle (avec l'allemand)
Institut international de droit et de développement (IIDD), Rome	Langue officielle et langue de travail (avec l'anglais)
Institut international pour l'unification du droit privé (UNIDROIT), Rome	Langue officielle (avec quatre autres langues)
Laboratoire européen de biologie moléculaire, Heidelberg	Langue officielle et langue de travail (avec l'anglais et l'allemand)
Office international de la vigne et du vin (OIV), Paris	Langue officielle unique
Organisation caribéenne de tourisme, St-Michel (Barbades)	Langue de travail (avec l'anglais et l'espagnol)

Organisations	Statut du français
Organisation européenne pour la sécurité de la navigation aérienne (EUROCONTROL), Bruxelles	Langue officielle (avec l'allemand, l'anglais et le néerlandais)
Organisation hydrographique internationale, Monaco	Langue officielle (avec l'anglais)
Organisation internationale de police criminelle (OIPC-INTERPOL), Lyon	Langue officielle et langue de travail (avec trois autres langues)
Organisation internationale des télécommunications par satellite (INTELSAT), Washington	Langue officielle et langue de travail (avec l'anglais et l'espagnol)
Organisation internationale du caoutchouc naturel (OICN), Kuala-Lumpur	Langue officielle et langue de travail
Union latine, Paris	Langue officielle (avec quatre autres langues romanes)

La francophonie canadienne : entre le mythe et la réalité*

CHARLES CASTONGUAY
Université d'Ottawa

Nombreux sont les mythes qui circulent quant à la situation du français et de la population francophone au Canada et au Québec. La plupart d'entre eux émanent des appareils gouvernementaux canadien ou québécois. C'est sans doute le propre d'un gouvernement que de s'employer à rassurer les citoyens sur l'efficacité de ses interventions, en l'occurrence en faveur du français et des francophones. Il est cependant salutaire de soumettre à un examen critique certains des mythes les plus courants, tout particulièrement en marge des récents travaux de la Commission des États généraux sur la situation et l'avenir de la langue française au Québec et du rapport qui en est résulté (2001).

Le français se porte bien au Canada grâce à l'action du gouvernement fédéral

Largement répandu par, entre autres, le premier ministre canadien lui-même, ce premier mythe s'accorde mal avec ce que nous montre la série de statistiques des recensements canadiens, notamment en ce qui concerne l'évolution de la population francophone[1] du Canada au cours de la deuxième moitié du XXe siècle. La figure 1 fait voir que le poids de la popula-

---

* La présente contribution s'inscrit dans le cadre de travaux subventionnés par le Conseil de recherches en sciences humaines du Canada.

1. Dans ce texte, l'élément *-phone* renvoie exclusivement à la langue maternelle. Ainsi, les termes *francophone* et *anglophone* désignent les personnes qui ont respectivement le français et l'anglais comme langue maternelle ; il en va de même pour *allophone*, qui désigne celles dont la langue maternelle est autre que le français ou l'anglais.

tion francophone baisse de façon continue depuis la Seconde Guerre mondiale, passant de 29 % de la population du Canada en 1951 à 23,5 % en 1996[2]. De plus, selon les plus récentes prévisions démographiques, après quatre siècles de croissance le nombre de francophones au Canada plafonnera d'ici une quinzaine d'années à moins de 6,8 millions d'individus en chiffres réels. La population francophone s'engagera ensuite dans une tendance à la baisse qui s'affirmera dès le recensement de 2016 ou, au plus tard, à celui de 2021 (*cf.* Termote et Ledent, 1999).

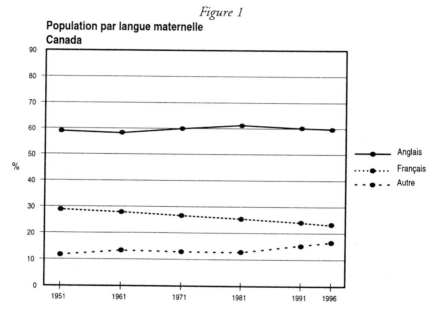

Figure 1

En revanche, on peut certes dire que l'anglais se porte à merveille. La même figure montre bien que le poids de la population anglophone au Canada demeure stable : 59 % en 1951, 60 % en 1996. Et si l'on entend beaucoup parler de vieillissement de la population canadienne, largement de langue anglaise, il n'est guère question d'un éventuel recul de ses effectifs en chiffres absolus.

---

2. Ces données, comme toutes celles qui suivent, proviennent des recensements canadiens (*cf.* notamment Marmen et Corbeil, 1999). Pour en simplifier l'analyse, nous avons réparti les déclarations de deux langues maternelles de façon égale entre les langues déclarées.

Les promoteurs du premier mythe cherchent souvent à gommer ces tendances divergentes en comptant aussi comme «francophone» tout anglophone ou allophone qui déclare connaître le français «assez bien pour soutenir une conversation», c'est-à-dire pouvoir parler le français comme langue seconde. Le français serait, dans ce sens, en expansion au Canada. Voilà un deuxième mythe.

Grâce à la politique canadienne de bilinguisme et aux cours d'immersion, le français se trouve en expansion au Canada

En réalité, le pourcentage de Canadiens connaissant le français, soit comme langue maternelle, soit comme langue seconde, n'a aucunement progressé (*cf.* figure 2). De 32 % en 1951, ce pourcentage est passé à 31 % en 1996. Il semble même avoir commencé à baisser lentement depuis le recensement de 1981.

Figure 2

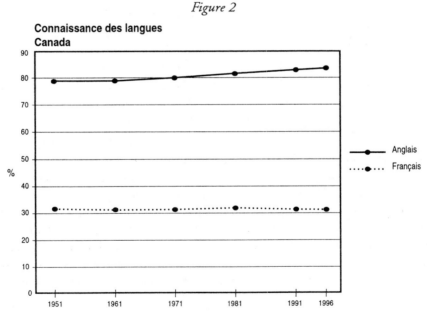

Il est vrai qu'avec le développement, à l'extérieur du Québec, de l'enseignement du français par la méthode d'immersion, le nombre et la proportion de non-francophones qui déclarent pouvoir parler le français comme langue seconde ont augmenté. Cependant, à la suite de presque quatre siècles de croissance, le nombre absolu de Canadiens qui, des deux langues officielles du Canada, ne connaissent que le français – ceux qu'on appelle les

« unilingues français » et qui sont pratiquement tous de langue maternelle française – a plafonné au cours des années 1980 puis a commencé à diminuer depuis 1991. Quant à leur pourcentage, il baisse de façon régulière depuis longtemps, étant passé de 20 % de la population canadienne en 1951 à 14 % seulement en 1996. D'où, depuis la Seconde Guerre mondiale, la stagnation du pourcentage de Canadiens qui connaissent le français, soit comme langue première, soit comme langue seconde.

Par contre, le nombre de francophones qui déclarent pouvoir parler l'anglais augmente, au Québec comme ailleurs au Canada, sans besoin de cours d'immersion. En outre, dans l'ensemble du Canada, les allophones choisissent massivement de s'intégrer à la population de langue anglaise ; c'est avant tout pour cette dernière raison que, depuis la Seconde Guerre mondiale jusqu'à aujourd'hui, le nombre de Canadiens qui, des deux langues officielles, déclarent ne connaître que l'anglais – le nombre d'« unilingues anglais » qui sont soit anglophones, soit allophones – augmente au rythme d'un million de plus... tous les cinq ans ! Par conséquent, la figure 2 révèle une croissance régulière du pourcentage de la population canadienne qui connaît l'anglais comme langue première ou langue seconde, lequel est passé de 79 % en 1951 à 84 % en 1996.

Ainsi, sur le plan de la connaissance des langues, c'est plutôt l'anglais qui est en expansion au Canada, et non le français. Cette réalité ressort encore mieux lorsqu'on recoupe l'information sur la langue maternelle à la figure 1 avec celle sur la connaissance des langues à la figure 2.

Pour ce qui est du français, cette superposition des données (*cf.* figure 3) souligne fortement, en effet, qu'au lieu de se trouver en voie d'expansion ou de diffusion au Canada, le français serait plutôt engagé dans un processus de régression ou de dilution. Car le recul du pourcentage – et bientôt du nombre – de Canadiens qui parlent le français comme langue maternelle signifie une réduction de la fraction de ceux pour qui le français joue le rôle de langue identitaire et, donc, de première langue de création et de consommation culturelle, alors qu'il est facile pour des anglophones ou des allophones de déclarer connaître le français comme langue seconde, sans jamais en faire usage.

Par contraste, la figure 4 indique que la position de l'anglais est tout à fait solide, à la fois comme langue première – c'est-à-dire maternelle – et comme langue seconde.

Figure 3

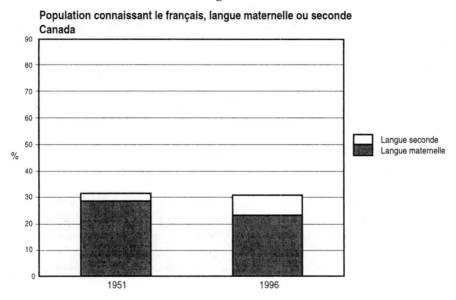

Population connaissant le français, langue maternelle ou seconde
Canada

Figure 4

Population connaissant l'anglais, langue maternelle ou seconde
Canada

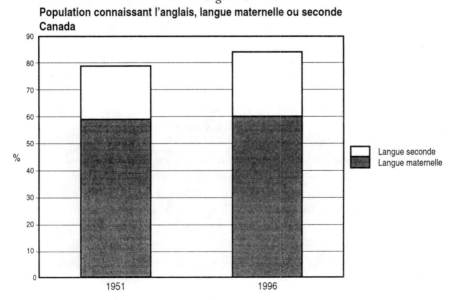

De façon générale, d'ailleurs, le degré de connaissance du français comme langue seconde est inférieur à celui de sa maîtrise en tant que langue maternelle. À ce propos, de nombreux chercheurs estiment que la question de recensement portant sur la connaissance des langues est trop floue : « Cette personne connaît-elle assez bien le français ou l'anglais pour soutenir une conversation ? ». En 1988, Statistique Canada a testé une formulation un peu plus exigeante : « Cette personne connaît-elle assez bien le français ou l'anglais pour soutenir une conversation assez longue sur divers sujets ? ». Le test a révélé que cette formulation plus précise aurait pour effet de réduire de moitié le nombre de non-francophones qui se déclarent capables de parler français à l'extérieur du Québec. Il va sans dire que Statistique Canada a décidé de conserver la formulation plus floue[3].

Par ailleurs, la Commission Laurendeau-Dunton a considéré dans son rapport final que l'information sur la langue maternelle était grosso modo « en retard d'une génération sur l'événement » (Commission royale d'enquête sur le bilinguisme et le biculturalisme, 1967 : 18), en ce qu'elle ne renseigne pas sur la langue principale effectivement parlée à la maison au moment du recensement. C'est pourquoi, à partir de 1971, les recensements comprennent aussi une question sur la langue parlée le plus souvent à la maison, communément appelée « langue d'usage », afin de recueillir un renseignement sur la langue première actuelle des individus. À ce chapitre, la figure 5 fait voir une tendance similaire à celle que montre la figure 1 : le maintien du poids de l'anglais comme langue première, assorti du déclin continu du poids du français[4].

Toutefois, si l'on compare les figures 1 et 5, on note en plus que le maintien du poids de l'anglais comme langue d'usage à la maison (67 % en 1971, 68 % en 1996) se réalise à un niveau nettement supérieur à celui de son maintien comme langue maternelle, qui oscille autour de 60 %. Au contraire, la baisse du poids du français comme langue d'usage (26 % en 1971, 22,5 % en 1996) s'opère à un niveau inférieur à celle de son poids comme langue maternelle (27 % en 1971, 23,5 % en 1996). C'est le résultat du phénomène d'assimilation linguistique, c'est-à-dire de l'adoption de l'anglais comme langue d'usage au foyer par de très nombreux francophones et allophones, tout particulièrement à l'extérieur du Québec. Cette tendance à l'anglicisation fait en sorte que, si l'on recoupait, sur le modèle des figures 3

---

3. Sur l'interprétation des données de recensement concernant la connaissance des langues officielles canadiennes, cf. Castonguay (1994 : 97).

4. Comme pour la langue maternelle, nous avons simplifié les déclarations de deux langues d'usage en les répartissant de façon égale entre les langues déclarées.

et 4, l'information sur la connaissance des langues avec celle relative à la langue parlée à la maison, le français apparaîtrait encore plus profondément engagé dans un processus de dilution et l'anglais, encore plus en voie d'expansion.

Figure 5

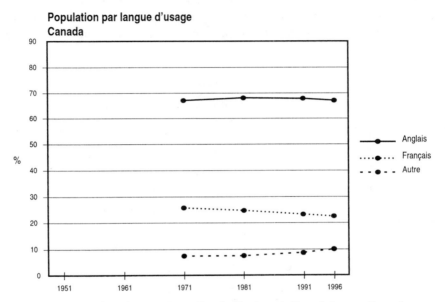

L'ampleur du phénomène d'assimilation à l'anglais au Canada nous conduit à faire tomber un autre mythe qui, comme le précédent, vise à brouiller la signification du déclin du pourcentage des francophones au Canada.

La baisse du poids des francophones s'explique avant tout par leur sous-fécondité et par l'immigration

Propagé systématiquement par Statistique Canada (*cf.* Castonguay, 1999), ce troisième mythe cherche à minimiser la puissance assimilatrice de l'anglais en même temps que la faiblesse du français sur ce plan, ce qui est pourtant la cause première du déséquilibre croissant entre les populations de langue anglaise et de langue française au Canada. En réalité, la population anglophone est presque aussi sous-féconde que la population francophone. Et l'immigration internationale qui, depuis des lustres, est très majoritairement composée d'allophones, contribuerait à faire baisser le poids non seulement de la population de langue française mais également de celle de langue anglaise si l'arrivée au Canada n'était pas suivie de près par une assimilation massive – et quasiment exclusive – à l'anglais.

Le français se trouve en fait doublement désavantagé face à l'anglais du point de vue de l'assimilation, ce que met en lumière la figure 6. Celle-ci représente les populations de langue maternelle anglaise, française et autre au moyen de carrés dont les dimensions reflètent respectivement le poids des populations en présence. Le jeu de flèches et de chiffres entre les carrés exprime le sens et l'importance de l'assimilation nette[5] d'un groupe linguistique à un autre.

Figure 6

**Assimilation linguistique
Canada, 1996**

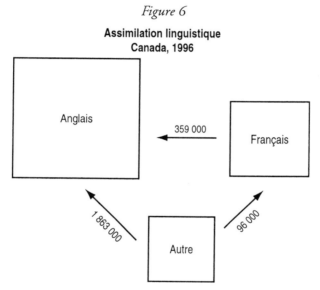

On constate ainsi que, pour l'ensemble du Canada, l'anglais domine doublement le français. D'une part, de façon directe au moyen d'une anglicisation appréciable de la population de langue maternelle française. D'autre part, de manière indirecte par l'énorme déséquilibre entre le degré d'anglicisation de la population allophone et son degré de francisation. Le nombre net de 359 000 francophones qui, au recensement de 1996, ont déclaré parler le plus souvent l'anglais comme langue d'usage au foyer repré-

---

5. Autrement dit, chaque flèche illustre la résultante du va-et-vient de l'assimilation linguistique entre les groupes pris deux par deux. Par exemple, l'anglicisation nette de 359 000 francophones correspond à la différence entre le nombre brut de francophones anglicisés (463 000) et le nombre brut d'anglophones francisés (104 000) au Canada en 1996.

sente en fait plus de 5 % de la population de langue maternelle française du Canada. Et bien que le rapport entre les populations anglophone et francophone soit en 1996 de 5 à 2, le ratio entre le nombre net des 1 863 000 allophones qui parlent principalement l'anglais à la maison et celui des 96 000 qui ont adopté le français est plutôt de 20 à 1.

En chiffres réels, on peut estimer que cette double domination de l'anglais sur le français en matière d'assimilation au Canada se solde par une perte nette de plus d'un quart de million de locuteurs du français comme langue première (perte de 359 000 francophones anglicisés moins gain de 96 000 allophones francisés). En revanche, pour l'anglais en tant que langue première, le même doublé (gain de 359 000 francophones anglicisés plus gain de 1 863 000 allophones anglicisés) produit un gain net de plus de 2,2 millions de nouveaux locuteurs.

Figure 7

**Assimilation linguistique
Québec, 1996**

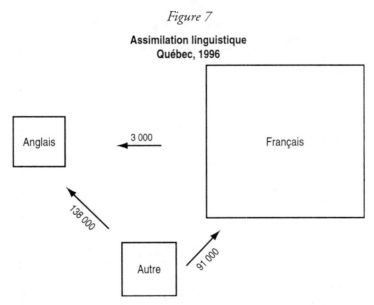

Voilà l'incidence du double avantage que détient l'anglais sur le français au Canada sur le plan de l'assimilation linguistique et qui explique, mieux qu'une différence de fécondité ou que l'immigration internationale en soi, pourquoi la population de langue anglaise réussit à maintenir son poids alors que celui de la population de langue française se trouve en chute libre. Car les parents francophones et allophones qui pratiquent l'anglais comme langue d'usage à la maison élèvent le plus souvent leurs enfants en anglais. Ceux-ci sont donc de langue maternelle anglaise et comblent en bonne mesure le déficit entre les générations anglophones occasionné par la sous-fécondité.

Ce mécanisme compensatoire – compensation de la sous-fécondité par l'assimilation – ressort particulièrement bien de l'examen de la situation au Québec. Comme l'indique la figure 7, l'anglicisation nette de la majorité francophone s'y trouve négligeable. Cependant, bien que celle-ci soit neuf fois plus importante que la minorité anglophone, on compte encore environ trois allophones anglicisés au Québec pour deux francisés. Cela rapporte, en termes relatifs, un nombre considérable d'enfants supplémentaires de langue maternelle anglaise à la minorité anglophone, mais apporte à la majorité francophone un nombre beaucoup moins significatif d'enfants de langue maternelle française.

Figure 8

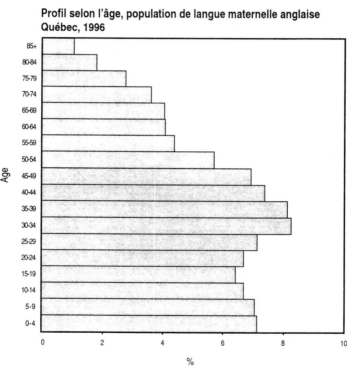

Profil selon l'âge, population de langue maternelle anglaise
Québec, 1996

Or, depuis plusieurs lustres, les populations anglophone et francophone connaissent au Québec des niveaux de sous-fécondité presque identiques. Mais le mécanisme compensatoire de remplacement des générations par voie d'assimilation fait en sorte que le déficit actuel entre les générations au sein de la minorité anglophone n'est que de 9 % alors qu'il est de 16 % parmi la majorité francophone.

Cet avantage dont jouit la minorité anglophone sur la majorité francophone dans le domaine de l'assimilation linguistique des allophones – le fait qu'en regard de son poids, l'anglais attire beaucoup plus que sa quote-part d'allophones – explique la différence sensible entre le profil selon l'âge de la minorité et celui de la majorité. Il est clair, en effet, que le profil de la majorité francophone est plus effrité à la base que celui de la minorité anglophone (comparer les figures 8 et 9).

Figure 9

Profil selon l'âge, population de langue maternelle française Québec, 1996

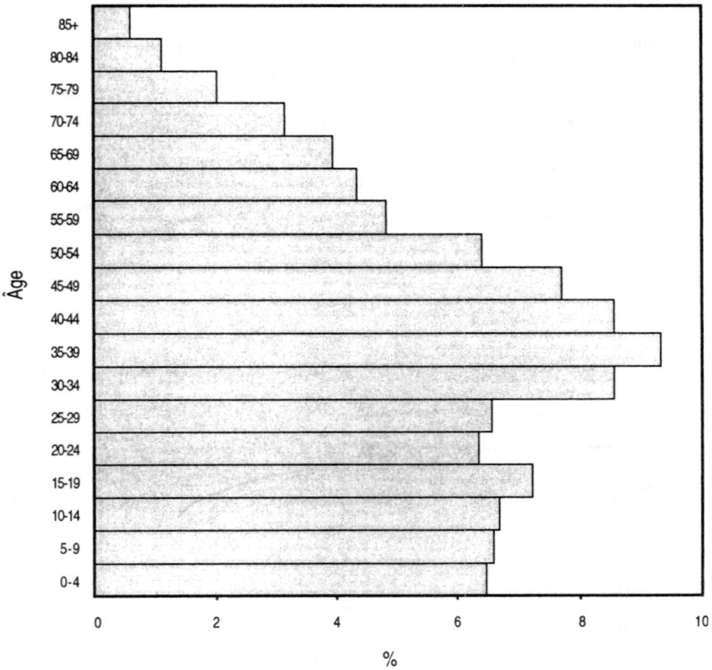

Considérons maintenant l'incidence de l'assimilation sur le remplacement des générations dans les autres provinces. C'est là où se déroule pour l'essentiel l'anglicisation de la population francophone du Canada (*cf.* figure 6). La comparaison des flèches chiffrées entre les populations de langue autre et de langue française aux figures 6 et 7 permet de constater également que le pouvoir d'assimilation du français auprès de la population allophone à l'extérieur du Québec est à peu de chose près inexistant. Il en résulte que la population francophone ne profite d'aucun apport significatif d'enfants francophones supplémentaires par le truchement de la francisation de jeunes adultes allophones. Elle perd au contraire une bonne partie de ses enfants au profit de la population anglophone en vertu de l'anglicisation nette d'une part croissante des jeunes adultes de langue maternelle française (35 % en 1971, 41 % en 1996).

Figure 10

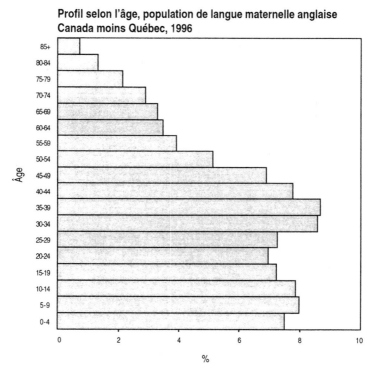

Profil selon l'âge, population de langue maternelle anglaise Canada moins Québec, 1996

Pour la population anglophone, cela conduit à un déficit entre les générations de seulement 7 % et à un profil selon l'âge encore plus jeune et plus robuste (*cf.* figure 10) que celui de la population anglophone au Québec. Par contre, pour la population de langue française hors Québec, cela donne un déficit intergénérationnel de 46 % et le profil d'une population en voie de basculer vers la disparition (*cf.* figure 11).

L'assimilation linguistique s'avère ainsi un déterminant de tout premier ordre dans le remplacement ou le non-remplacement des générations parmi les populations de langue anglaise et de langue française. C'est principalement ce phénomène linguistique, et non la sous-fécondité commune aux populations anglophone et francophone, qui fait la différence entre la bonne santé démographique de l'une et l'état d'affaiblissement endémique dans lequel se trouve l'autre.

Figure 11

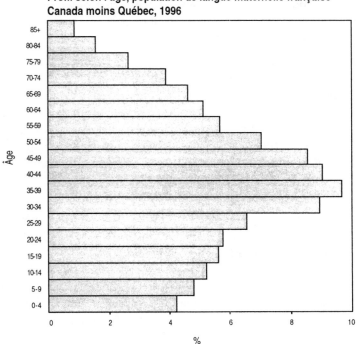

Bien que l'analyse du profil d'une population par groupes d'âges soit le b.a.-ba de la démographie, on cherchera en vain des illustrations analogues à nos figures 8, 9, 10 ou 11 dans les publications récentes de Statistique Canada. C'est le cas notamment de la monographie officielle sur la langue qui a suivi le recensement le plus récent (Marmen et Corbeil, 1999).

À partir des observations précédentes, il convient maintenant de dissiper un quatrième mythe.

Les francophones hors Québec ne sont pas en voie de disparition

Le déficit de 46 % entre les générations francophones à l'extérieur du Québec signifie que les enfants francophones y sont grosso modo moitié moins nombreux que les jeunes adultes francophones susceptibles d'être leurs parents. La figure 11 rappelle par ailleurs que depuis la fin du baby-boom d'après guerre, les enfants francophones sont sensiblement moins nombreux à chaque recensement quinquennal. Ainsi, la population de langue maternelle française hors Québec a plafonné en 1991 à 976 400 individus tandis que celle de langue d'usage française décline de manière continue depuis 1971, soit depuis le tout début de la série de statistiques à ce sujet (675 900 en 1971, 618 500 en 1996). Au cours de ce même quart de siècle, le taux d'anglicisation des jeunes adultes francophones hors Québec a augmenté à chaque recensement pour s'élever jusqu'à 41 % en 1996.

Devant des tendances aussi lourdes, la population francophone du Canada anglais ne peut éviter la réduction de ses effectifs à moins d'un apport migratoire aussi important et régulier qu'inattendu de nouveaux francophones en provenance du Québec ou de l'étranger. Il est également clair que ce déclin sera beaucoup plus rapide que celui que prévoient les démographes pour la population francophone du Québec, devenu lui aussi inéluctable après trop d'années de sous-fécondité et de faiblesse en matière d'assimilation.

Tout cela n'est pas important : il ne faut pas se préoccuper de la langue parlée à la maison mais regarder plutôt le progrès de la connaissance du français et de son usage en public

Un tiens vaut mieux que deux tu l'auras. C'est-à-dire que, de façon générale, ce sont les personnes qui parlent le français comme langue première à la maison qui le connaissent le mieux et l'utilisent le plus régulièrement en public. Il n'est pas évident que, à l'inverse, une expansion de la connaissance du français comme langue seconde ou de l'usage du français en public puisse assurer son avenir comme langue première à la maison, autrement dit comme principale langue d'épanouissement identitaire et culturel. Sa situation dans la Municipalité régionale d'Ottawa-Carleton, devenue tout dernièrement la nouvelle ville d'Ottawa et du même coup nouvelle capitale du Canada, nous fournit à cet égard un exemple probant.

Dans la foulée de l'adoption de la loi canadienne sur les langues officielles, il n'y a aucun autre endroit au Canada où une majorité non francophone ait mis autant d'application à apprendre, voire à bien maîtriser la langue française. Et l'usage du français en public à Ottawa dépasse actuellement de beaucoup son niveau antérieur. Néanmoins, la population de langue française sur le territoire de la nouvelle capitale s'est récemment engagée dans une tendance à la baisse : comme partout ailleurs à l'extérieur du Québec, à cause de la sous-fécondité et de l'assimilation, ses générations ne se renouvellent plus.

En fait, les progrès du français comme langue seconde et comme langue d'usage public à Ottawa n'ont aucunement réduit la singulière tendance à la hausse du taux d'anglicisation de la population francophone ; parmi les jeunes adultes, en particulier, ce taux est passé de 22 % en 1971 à 40 % en 1996. Et, loin de ralentir, cette tendance s'accélère, comme en témoigne la figure 12. Corrélativement, le déficit entre les générations francophones dans la nouvelle capitale du Canada est également de 40 % en 1996. Ainsi, l'abandon graduel du français en faveur de l'anglais comme langue d'usage à la maison contribue, là comme ailleurs, au déclin de la population de langue française.

Figure 12

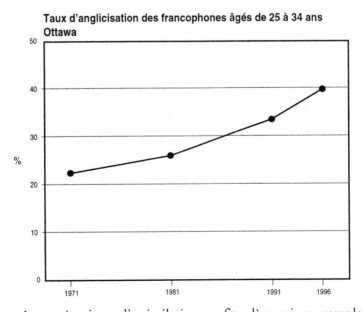

Taux d'anglicisation des francophones âgés de 25 à 34 ans
Ottawa

Le même mécanisme d'assimilation profite, là aussi, au remplacement des générations anglophones. L'avenir de l'anglais dans la capitale se trouve de la sorte assuré sur toute la ligne – qu'il s'agisse de langue première, seconde ou publique – alors que le progrès relativement récent du français comme langue seconde et publique s'avérera sans doute à terme éphémère, du fait qu'il repose sur une conjoncture politique particulière, dépourvue d'une solide assise démographique.

À ce propos, les développements les plus récents à Ottawa, qui donnent à la situation du français dans la capitale du Canada un parfum de scandale national, annoncent peut-être le début du déclin du français comme langue seconde et langue publique, suite à son affaiblissement par le truchement de l'assimilation et du défaut de remplacement des générations. Entre autres rebuffades, j'ai à l'esprit la menace de fermeture de l'hôpital Montfort et le refus de doter la nouvelle ville d'Ottawa de la politique de bilinguisme officiel qui lui sied en tant que capitale d'un pays officiellement bilingue.

L'anglais a présentement l'avantage de s'imposer d'emblée sur le plan continental, voire mondial. Lorsqu'une langue ne jouit pas d'une pareille situation, son statut, sa cote comme langue seconde ou langue publique dépendent d'une volonté politique qui, en régime démocratique, se fonde forcément sur le nombre de ceux pour lesquels elle joue le rôle de principale langue identitaire. Comme ce semble être le cas à l'heure actuelle à Ottawa, le déclin du poids démographique des populations de langue maternelle et d'usage françaises dans la région de Montréal peut conduire lui aussi, sur le plan politique, à une remise en question du statut du français comme langue publique privilégiée dans la métropole.

De fait, dans la région métropolitaine de Montréal, le poids de la population francophone a baissé de 1,6 point de pourcentage entre 1986 et 1996. Le poids de la population francophone dans l'ensemble du Canada a connu une baisse identique au cours de la même période. Or, cette dernière tendance n'est sûrement pas sans rapport avec le recul de la position du français parmi les priorités du gouvernement fédéral, ce que déplorent si amèrement les derniers commissaires aux langues officielles du Canada dans leurs rapports annuels (*cf.* Goldbloom, 1999 : 5, et Adam, 2000 : 8).

C'est dans cette optique qu'il y a lieu de dissiper quelques autres mythes plus spécifiques qui concernent la situation du français au Québec et l'efficacité de la politique linguistique du gouvernement québécois[6].

---

6. Pour un développement de ces thèmes en marge des travaux de la récente Commission des États généraux sur la situation et l'avenir de la langue française au Québec, *cf.* Castonguay, Dubuc et Germain (2002).

Les nouveaux immigrants allophones se francisent à Montréal grâce à la loi 101

Il est vrai que, parmi les nouveaux arrivants allophones qui adoptent l'anglais ou le français comme langue d'usage au foyer, une majorité d'entre eux optent pour le français. Mais c'est davantage à cause d'un changement majeur dans la composition ethnolinguistique de l'immigration au Québec qu'en vertu d'un effet spécifique de la loi 101. Ce changement s'explique en partie par le fait que le Québec peut maintenant sélectionner une fraction de ses immigrants. La figure 13 montre de manière éloquente à quel point l'importance croissante de la composante dite *francotrope* de l'immigration – celle de langue maternelle portugaise, créole, vietnamienne, khmère, laotienne, arabe, roumaine et espagnole – a été l'élément porteur du progrès de la part du français relativement à celle de l'anglais dans l'assimilation linguistique des immigrants allophones et ce, dès après la Révolution tranquille. Comme l'héliotrope qui se tourne naturellement vers le soleil, ces éléments francotropes de l'immigration allophone sont plus facilement attirés vers le français que vers l'anglais du fait qu'ils ont en commun un passé colonial français ou sont de langue maternelle romane.

Figure 13

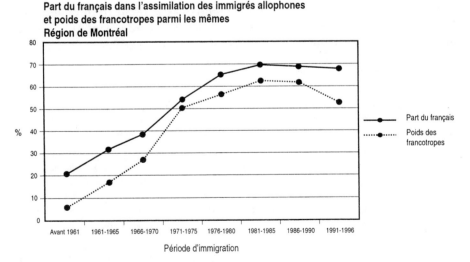

Il faut remarquer en particulier que le poids des francotropes a franchi le seuil de 50 % de l'immigration allophone à Montréal dès la cohorte arrivée entre 1971 et 1975 (*cf.* figure 13), et que la part du français vis-à-vis de l'anglais parmi les transferts linguistiques consentis par les immigrants allophones s'est également élevée au-dessus de 50 % dès cette même cohorte[7]. On voit aussi qu'après l'adoption de la loi 101, en 1977, la part du français dans l'assimilation des cohortes successives d'immigrants allophones a poursuivi sa croissance jusqu'à plafonner à un peu moins de 70 %[8]. Mais il est tout à fait clair, à partir de la figure 13, que l'on ne saurait attribuer plus de 10 ou 15 points de pourcentage de ce progrès supplémentaire à un effet propre à la loi 101, notamment à ses dispositions relatives à la langue d'enseignement[9].

Le rôle prépondérant de l'immigration francotrope dans le succès relatif en matière de francisation des nouveaux immigrants traduit en fait la faiblesse du français face à l'anglais comme langue d'assimilation à Montréal, en ce que, sur le terrain, le rapport de force entre le français et l'anglais dans la société montréalaise ne permet pas au français d'attirer une majorité des nouveaux immigrants qui optent pour l'une ou l'autre des deux langues officielles canadiennes, sans que la composition de l'immigration soit infléchie au préalable en sa faveur. De fait, l'anglais attire toujours une majorité claire des transferts linguistiques parmi les nouveaux arrivants non francotropes. Autrement dit, ceux-ci demeurent anglotropes, c'est-à-dire majoritairement orientés vers l'anglais, malgré la loi 101.

Il convient aussi, en fin de compte, d'apprécier la situation linguistique actuelle à l'aune de l'objectif d'une répartition équitable entre le français et l'anglais des transferts linguistiques consentis par la population allophone. Même avec l'aide de la préférence que le Québec accorde, dans la sélection de ses immigrants, aux candidats qui connaissent au préalable le français, la

---

7. Soulignons que cette part concerne uniquement ceux qui choisissent de parler le français ou l'anglais comme langue d'usage à la maison, c'est-à-dire ceux qui ont effectué un «transfert linguistique» au foyer. La grande majorité des immigrants allophones ne font pas ainsi ; ils préfèrent parler au foyer leur langue maternelle durant toute leur vie.

8. Notons que pour la figure 13 – de même que pour la figure 14 – nous avons employé une méthode de simplification qui diffère quelque peu de celle des figures antérieures, en ce que nous avons versé à la population allophone toutes les déclarations de langue maternelle qui combinent le français ou l'anglais avec une autre langue (italien, créole, etc.). En regard du résultat que donnerait une simplification égale intégrale, les figures 13 et 14 exagèrent très légèrement la part du français relativement à l'anglais dans l'assimilation des immigrants allophones.

9. Bien que ces faits soient établis depuis plusieurs années (*cf.* Castonguay, 1994), l'appareil gouvernemental québécois attribue systématiquement à la loi 101 la totalité du progrès de la part du français dans l'assimilation des immigrants allophones (*cf.* par exemple Gouvernement du Québec, 1996).

loi 101 ne suffit pas pour assurer au français sa juste part de l'assimilation des allophones à Montréal. Cette part devrait être de plus de 85 % compte tenu de l'importance respective des populations francophone et anglophone en présence sur le territoire de la région métropolitaine, et de plus de 90 % si l'on emploie comme étalon le poids relatif des deux mêmes populations à l'échelle du Québec.

Cette façon de voir vient heurter de front un autre mythe.

Le français va bien au Québec, on peut donc élargir l'accès à l'école anglaise

Figure 14

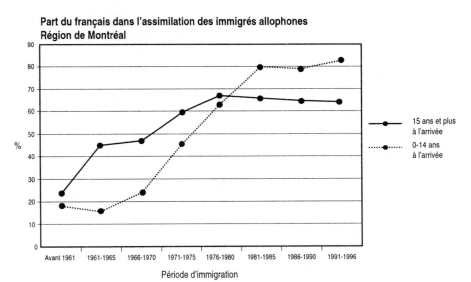

Part du français dans l'assimilation des immigrés allophones Région de Montréal

15 ans et plus à l'arrivée

0-14 ans à l'arrivée

Période d'immigration

Il ressort de la figure 14 que les dispositions de la loi 101 touchant la langue d'enseignement – l'école publique française obligatoire aux niveaux primaire et secondaire pour tous les enfants des nouveaux immigrants – est justement l'unique élément de la loi à avoir haussé jusqu'à 80 % la part du français dans l'assimilation d'une partie de la population allophone, soit un niveau proche de ce qui pourrait représenter une part équitable. On constate en effet un mouvement suffisamment favorable au français uniquement parmi les allophones âgés de 0 à 14 ans à leur arrivée, alors que la part du français dans l'assimilation parmi les 15 ans et plus à l'arrivée demeure bloquée en-dessous de 66 % au sein des cohortes venues après la période 1976-

1980. Cela suggère fortement que les efforts déployés par le gouvernement du Québec en faveur du français dans le monde du travail, en particulier, ont seulement fait contrepoids à l'avancée de l'anglais dans ce domaine.

Dans l'optique d'une répartition équilibrée de l'apport de l'immigration en vue de compenser de façon égale la sous-fécondité des populations francophone et anglophone, il faut en conclure que «le français va bien au Québec» uniquement parmi la petite fraction de la population allophone qui est touchée par les dispositions scolaires de la loi 101. Ce n'est pas le cas pour la majorité des immigrés allophones dont les trois quarts arrivent au Québec après l'âge de la scolarisation obligatoire. Et c'est très loin d'être le cas pour les allophones nés au Québec, chez qui la part du français dans l'assimilation demeure inférieure à 30 %.

En vertu de quelle logique, donc, faudrait-il compromettre l'unique succès véritable de la loi 101 en élargissant l'accès aux écoles primaires et secondaires de langue anglaise ? Ne devrait-on pas, au contraire, envisager de consolider ce succès en appliquant les dispositions scolaires de la loi 101 au secteur collégial ?

Ces considérations mènent tout droit à un dernier mythe, peut-être le plus pernicieux de tous.

L'avenir du français est assuré au Québec, on peut donc «passer à autre chose»

L'avenir du français au Québec ne sera assuré que lorsque la majorité francophone recrutera de nouveaux locuteurs du français comme langue première à la maison au prorata de son poids au sein de la population québécoise. En attendant, l'assimilation linguistique sape l'importance relative du français en regard de l'anglais au Québec.

Il serait trop facile de minimiser l'importance de cette évaluation en objectant que, de toute manière, les allophones anglicisés font preuve, tout comme les Québécois anglophones, d'une propension nettement plus élevée que les Québécois de langue française à quitter le Québec pour l'Ontario, l'Alberta ou une autre province. Car il est dans l'intérêt du Québec de mieux retenir ses immigrants. Leur intégration à la majorité de langue française, accompagnée le cas échéant de l'adoption du français comme langue d'usage au foyer, s'est justement avérée fort efficace à cette fin.

Du reste, les allophones anglicisés qui quittent le Québec pour une autre province ne tombent pas dans le vide. Ils renforcent la démographie de la population de langue anglaise du Canada, pays dont jusqu'à nouvel ordre le Québec continue à faire partie. Par contre, l'assimilation et la disparition tendancielle de la population francophone à l'extérieur du Québec minent la position démographique – et donc politique – de la population de langue française du Canada dans son ensemble.

Il me paraît donc essentiel et urgent de modifier de nouveau les règles du jeu linguistique pour que, du moins au Québec, le français attire au plus tôt sa juste part des allophones qui choisissent le français ou l'anglais comme langue d'usage à la maison.

Même alors, l'avenir du français au Québec ne sera pas aussi bien assuré que celui de l'anglais dans les autres provinces, où la puissance de la langue majoritaire s'étend jusqu'à l'assimilation des francophones. Il faut cependant reconnaître qu'en ce qui concerne la place qu'il réserve à sa minorité de langue officielle, le reste du Canada n'est certes pas un modèle à suivre.

Références

ADAM, Dyane (2000), *Rapport annuel 1999-2000*, Ottawa, Commissariat aux langues officielles, x-101 p.

CASTONGUAY, Charles (1994), *L'assimilation linguistique : mesure et évolution 1971-1986*, Québec, Conseil de la langue française (« Dossiers »), xvii-243 p.

——— (1999), « French Is on the Ropes : Why Won't Ottawa Admit It ? », *Policy Options. Options politiques*, Montréal, vol. 20, n° 8, p. 39-50.

CASTONGUAY, Charles, Pierre DUBUC et Jean-Claude GERMAIN (2002), *Larose n'est pas Larousse. Regards critiques. La Commission des États généraux sur la situation et l'avenir de la langue française au Québec*, Trois-Pistoles – Montréal, Éditions Trois-Pistoles – Éditions du Renouveau québécois, 110 p.

COMMISSION DES ÉTATS GÉNÉRAUX SUR LA SITUATION ET L'AVENIR DE LA LANGUE FRANÇAISE AU QUÉBEC (2001), *Le français, une langue pour tout le monde. Une nouvelle approche stratégique et citoyenne*, Québec, Gouvernement du Québec, i-285 p.

COMMISION ROYALE D'ENQUÊTE SUR LE BILINGUISME ET LE BICULTURALISME (1967), *Rapport*, livre premier (*Les langues officielles*), Ottawa, Imprimeur de la Reine, xliii-230 p.

GOLDBLOOM, Victor C. (1999), *Rapport annuel 1998*, Ottawa, Commissariat aux langues officielles, ii-150 p.

GOUVERNEMENT DU QUÉBEC (1996), *Le français langue commune. Enjeu de la société québécoise. Bilan de la situation de la langue française au Québec en 1995. Rapport du comité interministériel sur la situation de la langue française*, Québec, Ministère de la Culture et des Communications, xii-319 p.

MARMEN, Louise, et Jean-Pierre CORBEIL (1999), *Les langues au Canada. Recensement de 1996*, Ottawa, Patrimoine canadien – Statistique Canada (« Nouvelles perspectives canadiennes »), 92 p. + 4 tableaux en annexe.

TERMOTE, Marc, avec la collab. de Jacques LEDENT (1999), *Perspectives démolinguistiques du Québec et de la région de Montréal à l'aube du XXIe siècle. Implications pour le français langue d'usage public*, Montréal, Conseil de la langue française (« Dossiers »), ii-195 p.

Le français,
une langue qui varie selon les contextes

LOUIS MERCIER
Université de Sherbrooke

Dans la présentation qui a ouvert ce cycle de conférences, Henriette Walter a fait état de la très large diffusion du français dans le monde et de son dynamisme comme langue d'usage international. Ce sujet l'a inévitablement amenée à mentionner l'existence, à l'intérieur de l'aire linguistique francophone, de plusieurs variétés géographiques de français – français de France, français du Québec, français de Suisse et autres –, chacune d'elles se caractérisant par un certain nombre d'emplois particuliers. D'entrée de jeu, le français a donc été présenté comme une langue affectée par la variation géographique.

Dans une conférence subséquente[1], Claude Poirier est venu rappeler les circonstances historiques dans lesquelles le français s'est implanté au Canada pour donner naissance à une variété nord-américaine et plus spécifiquement québécoise de cette langue. Il a montré comment cette variété a pris naissance, comment elle a évolué pour acquérir les couleurs particulières qu'on lui connaît aujourd'hui. Ses propos ont permis de constater combien l'histoire d'une langue entretient des liens étroits avec l'histoire de la communauté qui s'exprime à travers elle. Ainsi, nous avons vu que la présence dans la langue des Québécois de nombreux régionalismes du Nord-Ouest et de l'Ouest de la France tient à l'origine géographique d'une partie importante des premiers immigrants français venus s'établir sur les rives du Saint-Laurent aux XVIIᵉ et XVIIIᵉ siècles (*cf.* carte 1). Les anglicismes et les amérindianismes qui ont fait leur place dans le lexique québécois par la suite sont

---

1. «Origine, implantation et développement du français au Québec depuis l'époque de la Nouvelle-France jusqu'à nos jours», prononcée le 4 décembre 2000 ; le texte de cette conférence n'est pas reproduit ici.

autant de témoins des rapports que la communauté francophone a entrete-
nus avec les autres groupes linguistiques qu'elle a côtoyés. C'est notamment
en raison des conditions socio-historiques particulières dans lesquelles elle
s'est développée que la communauté francophone québécoise s'exprime en
partie différemment des autres communautés francophones.

Carte 1

PROVENANCE DES COLONS FRANÇAIS
VENUS S'ÉTABLIR EN NOUVELLE-FRANCE
AUX XVIIe ET XVIIIe SIÈCLES

Comme son titre l'indique, la présente contribution sera entièrement
consacrée à la variation qui affecte le français dans son usage actuel. Il sera
bien évidemment question des particularismes québécois ou *québécismes*,
mais pas uniquement. De fait, la question des québécismes ne représente
qu'un aspect de la variation observable dans le français du Québec. Il ne faut
surtout pas l'oublier. Et cet aspect ne peut être bien perçu, bien compris dans
toute sa complexité que lorsqu'il est mis en relation avec d'autres aspects tout
aussi importants de la variation. Est-ce uniquement à titre de québécisme

que le substantif *char* entre en concurrence avec *auto* ou *automobile*, que le verbe *achaler* s'oppose à *déranger*, que l'adverbe *présentement* se distingue de *actuellement*? Un professeur peut-il se contenter de dire à ses élèves que *char*, *achaler* et *présentement* sont des mots québécois alors que les autres sont des mots français? Ou, en d'autres termes, que les premiers relèvent du français québécois alors que les seconds relèvent du français standard ou international? Nous verrons que de telles affirmations traduisent une méconnaissance du fonctionnement réel de la langue et de sa variation, et qu'elles rendent compte d'une vision trop étroite de ce qu'est le français comme langue et le français québécois comme variété de cette langue.

Nous commencerons donc par énoncer quelques remarques très générales sur le phénomène tout à fait normal de la variation linguistique. Il est évident qu'il s'agit là d'un sujet trop vaste pour que nous puissions en aborder tous les aspects. C'est ainsi qu'il ne sera pas question ici des attitudes, jugements et préjugés envers la langue, ce sujet spécifique faisant l'objet de la contribution de Marty Laforest (*cf.* p. 81-91). Assez rapidement, nous en viendrons à la question de la variation des usages en contexte québécois. Pour ne pas nous laisser distraire immédiatement par les différences d'usage qui distinguent le français parlé au Québec du français parlé en France, nous ferons d'abord abstraction de toute comparaison entre ces deux variétés. Nous concentrerons plutôt notre attention sur les divers aspects de la variation que l'on peut observer dans le discours des Québécois. Une fois cet exercice complété, nous nous intéresserons à la perception de la variation, ou, en d'autres termes, aux différents points de vue que l'on peut avoir face à des cas de variation.

Enfin, nous élargirons le propos pour tenir compte de la variation que l'on peut observer entre les usages qui ont cours au Québec et ceux qui ont cours ailleurs dans la francophonie, et plus particulièrement en France. Nous essaierons alors de bien situer le français du Québec par rapport au français de France et par rapport à cette langue de diffusion internationale qu'on appelle *le français*. Ce sera en outre l'occasion de préciser ce à quoi réfèrent les étiquettes de *français international* et de *français standard*, que l'on oppose (trop) fréquemment à celle de *français québécois*, ainsi que le mot *joual* qui est encore (trop) souvent brandi comme un spectre lorsqu'il est question des particularismes de l'usage québécois.

Quelques remarques générales sur le phénomène de la variation linguistique

Pour bien comprendre le phénomène de la variation linguistique, il faut d'abord prendre conscience du fait que la variation n'est pas la marque d'un mauvais fonctionnement de la langue, mais, bien au contraire, la preuve de sa souplesse, de son adaptabilité. Pour caricaturer un peu, on pourrait dire que, si une langue varie – et toutes les langues naturelles varient –, c'est que les gens qui la parlent ne sont pas tous des robots sortis de la même usine, dotés d'un langage programmé d'avance. Comme toute langue naturelle, le français est un moyen d'expression relativement flexible, prêt à s'adapter aux diverses conditions de vie de ses locuteurs. Quoi qu'on ait à dire, il existe toujours plusieurs façons de le dire. Chaque fois qu'on désire s'exprimer, on est amené à choisir dans l'ensemble des ressources offertes par la langue celles qui nous conviennent.

Bien évidemment, cette opération de sélection n'est pas toujours consciente ; toutefois, on reconnaîtra facilement que, de façon générale, on en est davantage conscient lorsqu'on écrit que lorsqu'on parle, lorsqu'on parle en public que lorsqu'on discute entre amis. Ces choix peuvent répondre à des habitudes acquises ou, au contraire, à une volonté plus ou moins manifeste de rompre avec de telles habitudes, d'adopter de nouveaux usages. Il va de soi également que l'on ne peut choisir que parmi les ressources linguistiques que l'on connaît. Or, en raison de son histoire personnelle, de son âge, de son niveau de scolarisation, de ses lectures, de ses champs d'intérêts, de son travail, etc., chaque locuteur possède une connaissance différente des ressources du français.

Lorsqu'on s'exprime, il y a donc d'une part ce que l'on dit (le contenu du message) et d'autre part la façon de le dire (sa forme). Dans sa façon de s'exprimer, on peut révéler beaucoup de choses à ses interlocuteurs s'ils portent eux-mêmes une attention plus ou moins grande à la forme que l'on donne au message. Par la manière dont on s'exprime, on peut entre autres marquer son origine géographique, son origine sociale, son degré de scolarisation, son degré de spécialisation, sa maîtrise de la langue standard, sa virtuosité à s'adapter à diverses situations de communication, etc. Plus un locuteur sera conscient de l'interprétation ou, plus justement, des diverses interprétations que les autres peuvent faire de ses choix linguistiques, plus il sera en mesure de contrôler (du moins d'exercer un certain contrôle sur) l'image de lui que projettera son discours. Après ces quelques remarques de portée générale, nous en arrivons à la question de la variation des usages dans le contexte québécois.

La variation des usages en contexte québécois

Nous passerons rapidement en revue les principaux types de variation auxquels n'échappe aucune langue naturelle, de façon à bien les distinguer, et nous les illustrerons par des usages qui ont cours au Québec[2]. Nous pourrons occasionnellement faire appel à des faits de grammaire et de prononciation, mais la plupart de nos exemples seront puisés dans le lexique – ou vocabulaire –, où les cas de variation sont suffisamment multiples.

Dans l'ordre, nous nous intéresserons d'abord aux cas de variation qui s'expliquent par l'évolution des usages dans le temps ; puis à ceux qui correspondent à la diversification des usages dans l'espace ; enfin, aux cas, plus complexes, de variation qui répondent à des conditions socio-stylistiques différentes.

La variation liée à la marche du temps

Par ses nombreux exemples puisés à diverses époques de l'histoire du Québec, la conférence de Claude Poirier nous a fourni maintes illustrations de la variation des usages québécois depuis le XVIIe siècle. Nous avons vu que la langue, et le vocabulaire en particulier, est très sensible aux facteurs historiques et notamment au bouleversement rapide des conditions socio-économiques. Mais son évolution n'est pas uniquement liée à de tels bouleversements. Toute modification dans le mode de vie ou les valeurs favorise ce renouvellement. Chaque génération de locuteurs qui disparaît emporte avec elle une partie vieillissante du lexique et chaque génération qui se met en place en introduit une nouvelle. Bon nombre de mes étudiantes et étudiants reconnaissent avoir eu l'occasion de constater des différences entre l'usage de leurs grands-parents et le leur. Par exemple, lorsque leurs grands-parents ont appris à faire de la bicyclette, il est clair que le mot *bicycle* était d'emploi plus fréquent qu'aujourd'hui et probablement plus fréquent que le mot *bicyclette* lui-même ; il ne leur serait pas venu à l'idée de parler spontanément de *vélo* comme le font les jeunes Québécois d'aujourd'hui, puisque ce mot n'a vraiment pénétré dans l'usage qu'avec l'arrivée, relativement récente, des vélos de montagnes. Au cours de la seconde moitié du XXe siècle, le vocabulaire des relations humaines et notamment celui des relations familiales s'est beaucoup modifié. Quels grand-parents verraient encore d'un bon œil le fait de se faire

---

2. Sur ce sujet, *cf.* aussi Verreault (1999) où il est en outre question des rapports entre normes et usages.

appeler *memère* ou *pepère*, comme c'était l'habitude autrefois? En contrepartie, depuis quelques années, on assiste à l'introduction, dans l'usage des très jeunes générations, des nouvelles formes *papi* et *mamie*. De nos jours, quel parent s'informerait de l'ami de cœur de sa fille en parlant de son *cavalier*, sinon pour la taquiner ou la faire sourire? Le mot *cavalier* est effectivement tombé en désuétude, alors qu'étonnamment le mot *blonde*, qui constituait son pendant féminin, se maintient toujours dans l'usage. Cette dernière forme semble maintenant tout à fait à l'aise en compagnie de l'anglicisme *chum*, ce qui, on en conviendra, donne un couple nettement moins traditionnel. Dans les dernières années, d'autres mots d'origine anglaise ont été moins chanceux que *chum*. Qu'on pense à tous ces anglicismes du vocabulaire de l'automobile (*tire, bumper, wiper, brake,* etc.) dont la fréquence d'emploi s'est largement atténuée, souvent même dans les garages, avec la plus large diffusion de la terminologie d'origine française correspondante. On peut encore signaler, comme dernier exemple, le mouvement d'affirmation des nations autochtones du Québec qui, au cours des dernières décennies, a amené les Québécois à modifier certaines de leurs dénominations: ainsi, au cours des années 1970, on a vu le terme *inuit* remplacer progressivement le terme *esquimau,* tout comme *innu* est actuellement en train de faire reculer *montagnais.*

La variation dans l'espace

Le deuxième grand type de variation est lié à la naturelle diversification des usages dans l'espace. La variation dans l'espace francophone mondial a déjà été évoquée et nous y reviendrons plus loin. Nous n'illustrerons ici que celle observable dans l'espace québécois.

Les personnes qui ont largement exploré le territoire québécois et qui sont sensibles aux accents n'ont pu manquer de remarquer diverses variantes de prononciation entre les régions de Montréal, de Québec, du Saguenay–Lac-St-Jean et de la Gaspésie, par exemple. On a encore tendance à faire rouler les *r* dans l'Ouest du Québec (*cf.* carte 2); les mots *photo* et *poteau* sont respectivement prononcés [foto] et [poto] à Montréal, mais [fɔto] et [pɔto] à Québec; etc. Les vacanciers de Québec et de Montréal qui se sont rendus dans la Baie-des-Chaleurs, aux Îles-de-la-Madeleine ou sur la Côte-Nord ont sans doute eu l'occasion d'y constater certaines parentés avec l'accent acadien. Par exemple, les locuteurs de ces régions ont moins tendance qu'ailleurs au Québec à faire entendre un sifflement (similaire à *s* ou *z*) après les consonnes *t* et *d* suivis de *i* ou de *u* (comme dans *tu dis* prononcé *t,u d,is*).

Carte 2

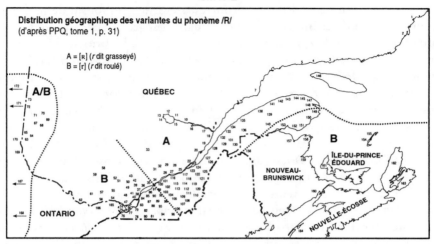

Carte 3

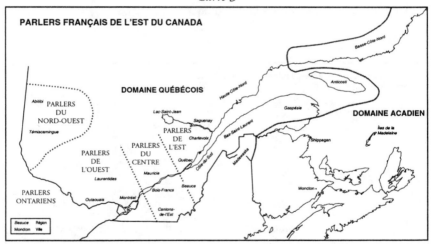

Comme c'est le cas des autres types de variation, la variation géographique peut affecter tous les aspects de la langue et notamment le vocabulaire. À côté d'emplois qui sont en usage sur l'ensemble du territoire, il y en a d'autres qui ne sont usités que dans certaines régions. Pour désigner ces emplois de diffusion limitée, on parle de *régionalismes*. Il y a une trentaine d'années, le territoire québécois a fait l'objet de vastes enquêtes linguistiques, dont l'objectif était justement de faire la lumière sur les usages régionaux (*cf.* Verreault, 2002). Les résultats de ces enquêtes, dirigées par Gaston Dulong de l'Université Laval (PPQ, 1980) et Thomas Lavoie de l'Université du Québec à Chicoutimi (Lavoie, 1985), ont révélé l'existence d'un certain nombre de régions linguistiques distinctes (*cf.* carte 3) et fourni de multiples exemples de la diversification des usages dans l'espace. Nous porterons notre attention sur l'un de ces cas qui se prête assez bien à la cartographie. Au début des années 1970, les enquêteurs du PPQ ont recueilli diverses dénominations pour désigner la chaussure à semelle de caoutchouc qui se porte notamment pour faire du sport. La carte 4 montre la répartition des réponses fournies par les quelques centaines de témoins consultés. Sur cette carte, on voit se dégager de grandes zones affichant des emplois exclusifs ou dominants. *Shoe-claque* est la réponse principale dans l'Est du Québec et *running(-shoe)*, dans l'Ouest; *sneak* est bien installé dans le Sud-Ouest du Québec et *sneaker*, en Acadie. On remarque en outre l'existence d'aires de rencontre, où les enquêteurs ont recueilli plus d'une dénomination principale; dans la région de Trois-Rivières par exemple, on observe une situation de concurrence entre *shoe-claque*, venu de l'Est, et *running(-shoe)*, venu de l'Ouest. On peut noter au passage que l'origine nord-américaine de la chaussure en question n'est pas sans rapport avec l'introduction dans le vocabulaire des divers anglicismes servant à la désigner.

Carte 4

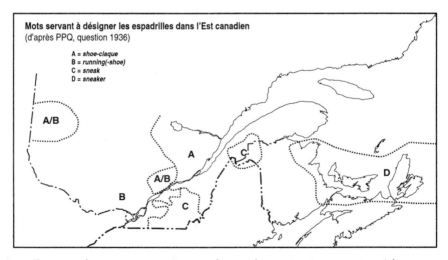

En regardant cette carte, on se demandera peut-être pourquoi le mot *espadrille* n'y figure pas. C'est tout simplement parce qu'au début des années 1970, on ne l'employait pas spontanément dans les milieux populaires. *Espadrille* est la seule dénomination précise de la chaussure en question qui soit d'usage généralisé au Québec et dont l'emploi ne soit pas perçu comme familier. Si, tenant compte de ce dernier aspect, on veut expliquer la variation qui prévaut actuellement dans la région de Québec entre *shoe-claque* et *espadrille*, il faut faire appel à un troisième grand type de variation, à savoir la variation socio-stylistique.

La variation socio-stylistique

À l'instar de Verreault (1999), nous regroupons sous la large étiquette de variation socio-stylistique trois types de variation étroitement apparentés qui correspondent aux trois paramètres suivants: variation en fonction du groupe de locuteurs, en fonction de la situation de communication ou en fonction de l'effet recherché.

Selon le groupe de locuteurs

La communauté linguistique québécoise n'est évidemment pas composée d'un seul groupe social homogène. Il est normal qu'on observe des différences entre les habitudes linguistiques des divers groupes sociaux qui la composent. Ainsi, il va de soi que le parler des milieux fortement scolarisés et celui des milieux peu scolarisés diffèrent sur un bon nombre de points, notamment en ce qui a trait à la fréquence d'emploi de mots comme *auto* ou *char*, *frein* ou *brake*. On s'attend par exemple à ce que les mots *auto* et *frein* soient d'emploi plus généralisé dans les milieux fortement scolarisés et leurs pendants *char* et *brake*, dans les milieux peu scolarisés. Et en ce qui a trait à la prononciation, on associe davantage les formes *moé* et *toé* au deuxième groupe qu'au premier.

Il est normal également que les spécialistes d'un même domaine de connaissances développent entre eux une terminologie adaptée à leurs besoins ou à leurs priorités, un langage d'initiés qui contribue à les caractériser par rapport à la masse des non-spécialistes. Au lieu d'utiliser les termes *jaunisse* et *prise de sang*, le personne médical optera pour *ictère* et *prélèvement sanguin*. Là où les chasseurs parlent d'*outarde* et de *chevreuil*, les biologistes et fonctionnaires parleront de *Bernache du Canada* et de *Cerf de Virginie*. Botanistes et pépiniéristes donnent le nom de *Thuyas* aux conifères plus largement connus sous celui de *cèdres*.

L'appartenance à un groupe social ou professionnel donné peut donc avoir une influence sur le choix de la variante utilisée ou privilégiée. Le désir de s'identifier à un groupe de locuteurs ou au contraire celui de s'en démarquer peut aussi orienter les choix. Par ailleurs, il arrive souvent que, pour s'adapter à des interlocuteurs de groupes différents, une même personne opte tantôt pour une variante, tantôt pour une autre. Par exemple, s'adressant à des enfants, on a souvent recours à des mots ou expressions qu'on n'emploie pas quand on parle à des adultes (*lala* , *faire des tatas*, *donner des bis*, etc.) ; le médecin n'utilise pas nécessairement les mêmes mots lorsqu'il s'adresse à des collègues ou à des patients.

Selon la situation de communication

La variation observable chez une même personne peut aussi dépendre d'un autre facteur, à savoir le degré d'attention qu'elle porte ou doit porter à son langage, qui varie selon les situations de communications. C'est indirectement à ce type de variation que réfère l'étiquetage habituel des registres (ou niveaux) de langue. Le registre neutre, caractérisé par l'absence d'emplois marqués négativement, est de mise dans toute situation où le langage peut donner prise à une évaluation. Le registre soigné, qui s'alimente aux ressources les plus valorisées, va de pair avec les situations les plus exigeantes, où il convient de faire montre d'une grande maîtrise de la langue. Quant au registre familier, on l'adopte naturellement lorsqu'on est en compagnie de parents, d'amis ou d'autres personnes avec lesquelles on se sent à l'aise, dans une situation qui favorise les échanges spontanés. La langue orale est le lieu privilégié du registre familier, alors que la langue écrite est le lieu privilégié du registre soigné.

Plusieurs séries de synonymes en usage au Québec permettent d'illustrer le jeu des registres. Nous prendrons en exemple la série des verbes *achaler*, *déranger* et *importuner* : mot passe-partout, *déranger* correspond bien au registre neutre ; *importuner*, plus recherché, relève davantage du registre soigné ; plus compromettant ou moins prestigieux, *achaler* est associé au registre familier. On retrouve le même type de variation dans la série *auto* (ou *automobile*) (registre neutre), *char* (registre familier) et *voiture* (registre soigné).

Selon l'effet recherché

Il nous reste à parler rapidement de la variation stylistique qui, aux emplois banalisés de la langue – c'est-à-dire aux emplois qui se contentent de véhiculer sagement leur message –, oppose des emplois plus expressifs. On connaît tous l'adage québécois selon lequel quand il fait *fret*, c'est plus froid que froid... Le fait pour un homme de dire *ma femme* ou *ma douce moitié* ne sera pas perçu de la même façon ; *ma douce moitié* ne sera employé qu'avec l'intention de taquiner ou d'amuser. Le mot *bazou* porte une connotation péjorative absente du mot *char*. *Ondée* fait plus littéraire que *averse*. Sans oublier le lot de synonymes grivois, grossiers, vulgaires ou injurieux que toute langue met aussi à la disposition de ses locuteurs et qui ont pour effet de froisser bon nombre d'oreilles sensibles.

Tout bien considéré, on voit que la variation linguistique est un phénomène complexe qui répond à toute une série de paramètres complémentaires différents. Et ces paramètres sont très étroitement interreliés, comme on peut le constater en comparant divers emplois possibles du mot *char*. On a vu que ce mot, par opposition à *auto*, était caractéristique de l'usage des milieux moins scolarisés. Par ailleurs, on a vu également que tous les Québécois étaient susceptibles de l'employer dans les contextes qui favorisent les échanges spontanés et le recours au registre familier. Ce n'est pas tout : *char* peut aussi être employé à des fins stylistiques, être choisi en raison de sa charge émotive de mot « bien québécois ».

La perception de la variation

Avant d'en arriver aux différences qui existent entre les usages qui ont cours au Québec et ceux qui ont cours en France, il convient de prendre conscience du fait que la perception que les gens ont de la variation peut elle-même varier beaucoup selon les individus ou les groupes d'individus. On reconnaîtra qu'il est tout à fait normal que les locuteurs adoptent spontanément leur propre usage comme point de référence ou que leur point de vue soit très fortement conditionné par leur contexte sociolinguistique.

On sait qu'en ce qui a trait à la prononciation, c'est toujours l'autre, l'étranger qui a un accent et non pas soi. Ainsi, pour les gens de Québec, il paraîtra tout à fait normal que les mots *photo* et *poteau* soient prononcés avec un *o* ouvert ([ɔ]) en première syllabe et un *o* fermé ([o]) en syllabe finale ([fɔto], [pɔto]) ; pour eux, c'est la prononciation avec deux *o* fermés ([foto], [poto]) qui est anormale, bizarre, voire comique ; la perception sera inversée pour les locuteurs de la région montréalaise. Le point de vue que l'on a sur le vieillissement du vocabulaire pourra être différent selon que l'on a une vingtaine, une quarantaine ou une soixantaine d'années. De même, les différences de registres ou de niveaux de langue ne seront pas perçues de la même façon par les locuteurs, selon qu'ils appartiennent à un milieu plus ou moins scolarisé, selon qu'ils ont été plus ou moins exposés au discours normatif, ou encore selon qu'ils accordent plus ou moins d'importance à ce discours.

Pour illustrer cette différence, nous prendrons comme exemple le cas des concurrents *balayeuse* et *aspirateur*. Chez les locuteurs québécois moins scolarisés, moins touchés par l'approche normative, on peut penser que le mot *balayeuse* constitue probablement le point de référence, l'emploi le plus neutre, et qu'ils n'auront recours au mot *aspirateur* que dans des contextes où ils porteront une attention toute particulière à leur vocabulaire, le mot leur apparaissant de type soigné. En revanche, il est probable que, chez les locuteurs davantage exposés à la pression normative, l'emploi d'*aspirateur* soit davantage banalisé et que *balayeuse* ne puisse plus être perçu comme un point de référence neutre. Il y sera plutôt perçu comme un synonyme familier ou populaire d'*aspirateur*. On peut aussi mentionner le cas du mot *breuvage* que les Québécois pourront percevoir différemment selon qu'ils sont informés ou non des critiques émises à son sujet et selon l'importance qu'ils accordent à ces critiques. En absolu, aucun point de vue ne prévaut sur les autres. Mais les auteurs d'ouvrages de référence destinés au public scolaire savent bien qu'il en est tout autrement sur le marché linguistique.

Prendre conscience de cette diversité des points de vue aide à comprendre tous les problèmes qui se posent aux auteurs de dictionnaires quand ils cherchent à donner la description la plus objective possible de la variation. Il faut d'emblée reconnaître qu'ils sont dans l'impossibilité de prendre en compte et de refléter tous ces points de vue plus ou moins divergents, et qu'ils doivent chercher à dégager le point de vue partagé par le plus grand nombre. Pour en arriver à proposer une description de la variation des usages qui non seulement puisse être cohérente, mais qui puisse aussi être largement reconnue comme telle, les auteurs de dictionnaires à vocation pédagogique n'ont d'autre choix que d'adopter le point de vue du groupe qui occupe le haut de la pyramide sociale. Ce point de vue, c'est celui du groupe le plus scolarisé, que la communauté québécoise dans son ensemble reconnaît comme modèle linguistique. Grâce aux dictionnaires, les usages privilégiés par ce groupe deviennent les emplois de référence valorisés par l'ensemble de la communauté ; ces emplois, considérés comme meilleurs que les autres, jouent alors le rôle de norme ou de standard commun.

Tenant compte de ce qui vient d'être dit, on comprendra que les dictionnaires ont un grand rôle à jouer dans l'établissement au Québec d'une norme commune en ce qui a trait à l'emploi des québécismes[3]. Et il y aurait encore beaucoup à dire sur la situation québécoise pour mettre en lumière l'ensemble des problèmes posés par la description de la norme à préconiser dans les dictionnaires destinés au public québécois. Dans quelle mesure les auteurs de ces ouvrages doivent-ils tenir compte de la variation qui existe entre les usages qui ont cours au Québec et ceux qui ont cours hors du Québec, et plus spécifiquement en France ? Et comment devrait-ils en rendre compte ? Tous ne s'entendent pas sur la réponse à donner à ces questions. Et

---

3. Sur le traitement des québécismes dans les dictionnaires usuels du français, *cf.* la contribution d'Esther Poisson, p. 93-111.

tout bouge si vite! Les Québécois n'ont jamais été aussi exposés que maintenant, ni aussi directement, au français tel qu'il est parlé en France. Ces contacts étroits ne peuvent manquer d'avoir des répercussions importantes sur leurs usages linguistiques. Combien d'emplois ont commencé à s'installer dans l'usage québécois qui, il y a à peine quelques années, pouvaient encore être considérés comme caractéristiques du français de France (*cf.* Verreault, 1996)? Si on est encore conscient de l'arrivée relativement récente de *weekend*, *mec*, *papi* et *mamie*, il faut admettre que *bouffe* et *bouffer* sont maintenant totalement intégrés à l'usage québécois. *Bouffe* et *bouffer* semblent en effet connaître aujourd'hui à peu près les mêmes emplois au Québec et en France: on les perçoit respectivement comme des synonymes familiers de *nourriture* et de *manger*. La situation était légèrement différente au moment de leur introduction. Mis à la mode par les Québécois branchés – certains diront *branchés sur Paris* –, ces mots ont d'abord été perçus de façon plutôt positive: cela faisait bien de les employer. Puis, la mode passant, affectés par la banalisation, ils ont baissé de quelques crans dans la hiérarchie des usages pour se loger dans le registre familier. Les mots nouveaux qui nous parviennent de Paris arrivent souvent nimbés d'une aura qui leur permet de se loger au sommet de la pyramide des usages, sans doute aussi parce qu'ils sont d'abord adoptés par les Québécois dont la langue est la plus valorisée (animateurs de télé et de radio, journalistes, etc.). Au cours des toutes dernières années, combien de Québécois, par exemple, ont eu l'impression de mieux parler en adoptant *week-end* au détriment de *fin de semaine*? Il est clair que le français de France exerce un ascendant important sur le français du Québec. Tous les spécialistes s'entendent pour dire qu'on assiste à une accélération du mouvement d'alignement du français du Québec sur celui de France.

Ce mouvement de rapprochement a notamment comme effet d'accroître les ressources linguistiques disponibles pour les francophones québécois, et conséquemment de complexifier le phénomène de la variation. En effet, les nouveaux emplois adoptés ne peuvent pas faire disparaître, à court terme du moins, les emplois déjà bien ancrés dans l'usage québécois. Mais ils provoquent souvent une réévaluation ou un repositionnement de ces usages. La diffusion récente de *week-end* n'a pas manqué de déstabiliser le statut de *fin de semaine*.

Et pourtant, malgré cette très grande ouverture ou, plus justement, cette très grande perméabilité aux usages de l'Hexagone, on ne peut nier l'existence au Québec d'une norme partiellement distincte de la norme véhiculée par les dictionnaires confectionnés en France. Qu'on pense seulement à la féminisation des titres, qui n'est pas perçue de la même façon dans les deux communautés. On peut mentionner également le cas de mots comme *chiro-*

praticien, condom, dépanneur, espadrille et *traversier* qui sont généralement perçus au Québec comme des emplois tout à fait corrects, comme des emplois standard, même s'il est largement connu qu'ils n'ont pas cours en France.

Représentation du français et de sa variation

Nous pouvons maintenant nous interroger sur la place que les québécismes occupent dans l'ensemble des usages québécois et essayer de mieux situer le français du Québec par rapport à la langue française et au français de France. Il y a plusieurs manières plus ou moins différentes de se représenter la situation. Nous nous en tiendrons ici à deux types de représentation nettement opposées.

La représentation la plus traditionnelle consiste à voir le français comme l'ensemble des ressources de cette langue telles qu'on peut les décrire à partir des usages qui ont cours en France (*cf.* figure 1) : le français, c'est essentiellement le français des dictionnaires et grammaires françaises. Les autres usages observés dans la reste de la francophonie sont alors représentés comme des extensions marginales.

C'est à partir d'une telle représentation de la langue qu'on en arrive à dire que *achaler* et *bâdrer* ne sont pas des mots français, comparativement à *déranger* et *embêter*. C'est aussi à partir d'une telle représentation qu'on en arrive à concevoir le français québécois, ou le québécois, comme la somme de ses particularismes. Pour s'exprimer, les Québécois puiseraient donc d'une part au français et d'autre part à un réservoir complémentaire régional, le québécois. C'est un peu ce que suggère le titre du dernier dictionnaire paru au Québec, le *Dictionnaire québécois français* (DQF, 1999), sur lequel nous reviendrons un peu plus loin. Les particularismes québécois les plus connus et les plus stigmatisés se logeant surtout dans la langue populaire et le registre familier, cela contribue à donner une image grossière, rustique, voire péjorative du français québécois.

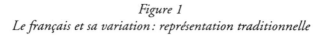

Figure 1
Le français et sa variation : représentation traditionnelle

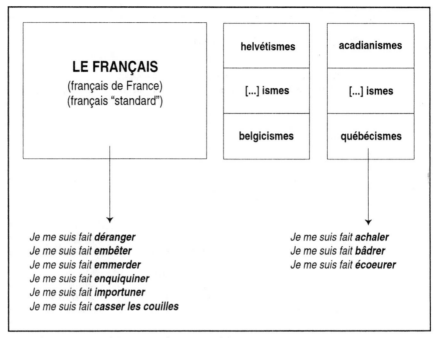

La première faiblesse de cette représentation est de ne pas faire de distinction entre le français comme langue et le français de France comme variété dominante de cette langue. On sait que l'image du français que projettent les dictionnaires et les grammaires confectionnés en France est essentiellement basée sur les usages du français qui ont cours en France, et plus particulièrement dans la région parisienne. Le deuxième point faible de cette représentation est de projeter une image fausse du fonctionnement réel du français hors de France.

La deuxième représentation (*cf.* figure 2) cherche justement à rendre compte du fonctionnement réel du français en France et hors de France. Elle part du principe que toutes les communautés socio-culturelles de la grande communauté linguistique francophone ont le français en partage, mais qu'en raison de l'histoire singulière de chacune de ces communautés, le français s'y est développé d'une façon particulière, pour donner naissance à des variétés partiellement distinctes.

Figure 2
Le français et sa variation : nouvelle représentation[4]

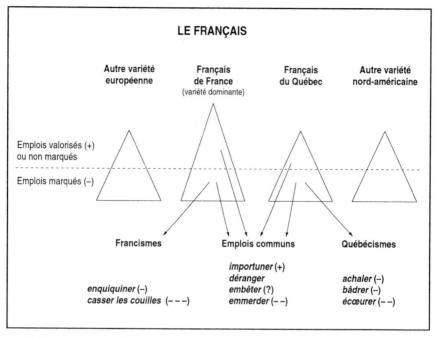

S'il est question de *variétés* de langue distinctes, c'est que la différence ne se résume pas à la présence de quelques éléments distincts, mais qu'elle s'étend aussi – beaucoup plus profondément – à l'organisation même de ces éléments spécifiques avec les éléments communs. Cette nouvelle représentation nous invite à bien dissocier le *français* comme langue, c'est-à-dire comme moyen d'expression partagé par l'ensemble des francophones, du *français de France* comme l'une des diverses variétés actuelles de cette langue. Elle nous propose également de voir le français québécois comme une variété fonctionnelle de français au même titre que les autres variétés géographiques de cette langue et les francophones québécois comme des francophones à

---

4. Seules les relations entre le français de France et le français du Québec sont mises en relief ici. Pour simplifier les choses, cette figure ne rend pas compte non plus du fait que des emplois valorisés ou non marqués, tant dans le français de France que dans celui du Québec, peuvent aussi constituer des particularismes (le francisme *chiropraxie* et le québécisme *chiropratique*, par exemple).

part entière, qui n'ont pas à être gênés de leurs différences linguistiques. Selon cette représentation, on ne peut plus résumer le français québécois à la somme de ses particularismes. Le français québécois, c'est l'ensemble des ressources que le français met à la disposition des francophones du Québec ; c'est tout le français tel qu'on peut l'observer à partir de l'ensemble des usages observés dans cette communauté. Cette représentation permet en outre de mieux comprendre la dynamique interne du français québécois, de mieux comprendre la nature des liens qui, dans cette variété, unissent les emplois qui sont propres aux Québécois et ceux qu'ils partagent avec d'autres communautés francophones.

Français québécois et joual

À partir de cette seconde représentation, nous pouvons maintenant mettre plus clairement en perspective les étiquettes de *français québécois* et de *joual*[5]. Alors que la première fait référence à l'ensemble du système de la variété québécoise, impliquant ce qu'elle a en commun et en propre, la seconde ne fait référence qu'à la partie spécifique de cette variété, et encore, à la partie la moins valorisée de ses spécificités. Si on demande aux Québécois de donner des exemples de ce qu'est le joual, les emplois qualifiés de *joual* pourront varier d'un individu à l'autre, mais ce qui sera constant, c'est que cette étiquette sera toujours employée pour stigmatiser des emplois dévalorisés. Si bien qu'on l'utilisera parfois pour stigmatiser des façons de parler comme *si j'aurais* et *ils sontaient* qui n'ont rien de spécifiquement québécois.

L'ascendant du français de France sur le français du Québec

La nouvelle représentation que nous proposons n'oublie pas de prendre en compte l'ascendant que le français de France exerce sur celui du Québec. On a vu que le français québécois est une variété tout aussi légitime que le français hexagonal, mais il est bien évident que ces deux variétés n'ont pas le même poids sur le marché linguistique international. Et il n'est pas difficile de comprendre pourquoi il en est ainsi quand on connaît les liens qui unissent le sort des variétés linguistiques et celui des communautés socioculturelles auxquelles elles sont associées. Si, sur le plan linguistique, toutes les variétés de français se valent, il est clair que le français de France profite de

---

5. Longtemps associé au contexte linguistique des années 1960 et 1970, le mot affiche une recrudescence de vitalité depuis qu'on a recommencé à l'utiliser comme repoussoir dans les débats sur la qualité de la langue.

la position dominante occupée par la communauté française, en terme de prestige international, d'importance historique, de poids démographique, économique et culturel. C'est en raison de sa position dominante que cette variété est directement associée aux notions de *français international* et de *français standard*.

Français international et français standard

Il faut faire attention à ces étiquettes. Existe-t-il vraiment un français international distinct du français de France ? On peut se poser la question. Même si l'on en parle souvent comme s'il s'agissait d'une variété tangible, le français international semble relever davantage du mythe que de la réalité. En fait, en contexte d'échanges internationaux, ce qui se passe, c'est que les francophones dont la variété n'est pas le français de France auront tendance à s'aligner sur cette variété, puisque c'est celle qui est décrite et diffusée comme référence dans les dictionnaires et les grammaires du français. Leur degré d'adaptation va évidemment dépendre du degré de connaissance qu'ils auront de la portion spécifique de leur variété maternelle ; il dépendra également de leur façon de percevoir leurs propres particularismes et, plus globalement, de leur degré de sécurité linguistique.

L'étiquette de *français standard* est aussi très contestable, même si elle est d'emploi encore plus courant. L'adjectif *standard* implique non seulement l'idée de référence commune, mais aussi celle de valorisation commune. Dans la mesure où le français de France, de par sa position dominante, exerce de l'ascendant sur les autres variétés et que c'est la seule globalement décrite, on comprend qu'il s'impose comme référence. On peut toutefois émettre des réserves sur l'utilisation de l'étiquette *français standard* pour désigner globalement une variété qui n'est pas constituée uniquement d'emplois valorisés. Comme toute variété naturelle, le français de France comporte aussi des emplois familiers, des emplois argotiques, des emplois populaires, des emplois vulgaires et des injures, que les francophones hors de France ne désireront pas nécessairement ajouter à leur bagage linguistique…

Nous reprenons dans le tableau 1 quelques-uns des exemples présentés en dernière de couverture du DQF, dont la description est basée sur une opposition français québécois/français standard. On constate que les « équivalents exacts en français standard » proposés en regard des emplois du français québécois ne correspondent pas vraiment au registre standard du français tel que décrit dans le *Petit Larousse illustré* (PLI) et le *Petit Robert* (PR-CD). Selon ces derniers, il s'agirait plutôt d'équivalents hexagonaux relevant de la langue familière.

Tableau 1
Opposition français québécois/français standard, selon le DQF

Emplois québécois	« Équivalents exacts en français standard »
Avoir de la jarnigoine	*En avoir dans la tronche*
Manquer le bateau	*Manquer le coche*
Avoir les shakes	*Avoir les chocottes*
En avoir plein le casque	*En avoir ras la casquette*
Prends ça easy!	*Cool, Raoul!*
Mets-en!	*Tu l'as dit bouffi!*

Par ailleurs, la perception de ce qui est standard peut varier d'une communauté linguistique à l'autre. Ainsi, les mots *aluminerie, chiropraticien, condom, couvre-chaussures, décrocheur (scolaire), dépanneur, espadrille, huard, soccer* et *traversier*, largement perçus comme standard par les locuteurs québécois, ne seraient pas reconnus comme tels par les locuteurs hexagonaux (*cf.* tableau 2). On ne peut donc nier l'existence d'un standard québécois différent du standard qui a cours en France.

Tableau 2
Variation dans la langue standard

Standard québécois	Standard hexagonal
aluminerie	*usine d'aluminium*
chiropraticien	*chiropracteur*
condom	*préservatif*
courriel	*mél*
décrocheur (scolaire)	*?*
dépanneur	*épicerie de quartier (?)*
espadrille	*tennis/basket*
huard	*plongeon*
traversier	*ferry*

Une meilleure connaissance du fonctionnement de la variation permet de jeter un regard plus éclairé sur la situation linguistique québécoise. Nous avons vu que la variation est un phénomène normal mais complexe, qui met en cause toute une série de paramètres étroitement reliés. Les nombreuses variantes qu'on observe dans une langue témoignent de la richesse des ressources que cette langue met à la disposition de ses locuteurs. Le français comme langue correspond à l'ensemble des ressources (virtuelles) mises en place et exploitées par l'ensemble des francophones. Le français du Québec (ou français québécois) est une variété fonctionnelle de français au même titre que le français de France, même si ce dernier est la variété dominante sur le marché linguistique international. Rappelons enfin que le français québécois ne peut pas se résumer à la somme de ses particularismes ; il correspond à l'ensemble des ressources linguistiques du français qui sont exploitées par la communauté québécoise (québécismes, emplois non spécifiques, manière particulière d'agencer tous ces éléments).

Références

DQF : MENEY, Lionel, *Dictionnaire québécois français. Pour mieux se comprendre entre francophones*, Montréal, Guérin, 1999, xxxiv-1884 p.

Lavoie : LAVOIE, Thomas, Gaston BERGERON et Michelle CÔTÉ, *Les parlers français de Charlevoix, du Saguenay, du Lac-Saint-Jean et de la Côte-Nord*, Québec, Gouvernement du Québec (« Les publications du Québec »), 1985, 5 vol.

PLI : *Le Petit Larousse illustrée 2002*, Paris, Larousse, 2001, 1786 p.

PPQ : DULONG, Gaston, et Gaston BERGERON (1980), *Le parler populaire du Québec et de ses régions voisines. Atlas linguistique de l'Est du Canada*, Québec, Ministère des communications en coproduction avec l'Office de la langue française (« Études et dossiers »), 10 vol.

PR-CD : *Le Petit Robert sur CD-ROM. Version électronique du Nouveau Petit Robert. Dictionnaire alphabétique et analogique de la langue française*, Paris, Dictionnaires Le Robert/VUEF, 2001. [Nouv. éd. (version 2) ; 1re éd., 1996.]

VERREAULT, Claude (1996), « Inclusion, reconnaissance et identification des francismes dans les dictionnaires québécois : problèmes et méthodes à la lumière de l'expérience du *Dictionnaire québécois d'aujourd'hui* », dans Thomas Lavoie (éd.), *Français du Canada – Français de France. Actes du quatrième Colloque international de Chicoutimi, Québec, du 21 au 24 septembre 1994*, Tübingen, Max Niemeyer Verlag (« Canadiana Romanica, 12 »), p. 199-208.

—— (1999), « L'enseignement du français en contexte québécois : de quelle langue est-il question ? », *Terminogramme*, Montréal, n° 91-92 (septembre : *La norme du français au Québec. Perspectives pédagogiques*, sous la dir. de Conrad Ouellon), p. 21-40.

—— (2002), « Variation géographique du français dans l'Est du Canada. Présentation des principales enquêtes réalisées et aperçu des recherches actuelles », *Géolinguistique*, Grenoble, hors série n° 2 (*La géolinguistique en Amérique latine*), p. 231-265.

Le Saguenay–Lac-Saint-Jean : une région particulièrement bien étudiée du point de vue linguistique

THOMAS LAVOIE
Université du Québec à Chicoutimi

L'idée d'une langue légèrement différente d'une région à l'autre du Québec retient régulièrement l'attention. Dans les villes de Montréal et de Québec surtout, on se plaît souvent à parler de l'accent caractéristique du Saguenay–Lac-Saint-Jean ou de la Gaspésie et des Îles-de-la-Madeleine, par exemple. Citons deux cas récents. Réjean Tremblay, originaire du Saguenay et journaliste sportif à *La Presse*, parle à l'occasion dans ses chroniques de l'accent particulier des Saguenéens et, en décembre 2000, citant le témoignage d'une boxeuse de Jonquière, il écrivait : « Elle a ce doux accent chantant du Saguenay... c'est une fille du Saguenay. Elle a besoin d'air et d'espace ». Toujours dans le même journal, en janvier 2001 cette fois, dans une série de trois articles sur les jeunes venus vivre à Montréal, Rima Elkouri cite le témoignage d'un Madelinot qui, lors de ses études à Trois-Rivières et dans la métropole, se faisait régulièrement appeler « le gars avec l'accent »... qu'il finira par perdre peu à peu au fil du temps et qui, lors de ses retours aux Îles, se fera dire par ses parents qu'il parle maintenant « à la grandeur », un peu comme les Québécois disent de ceux qui s'expriment bien ou trop bien qu'ils parlent « en termes », ou comme les Méridionaux disent des Parisiens qu'ils parlent « avec l'accent pointu ».

De telles expériences linguistiques sont courantes. C'est celle que j'ai moi-même vécue lorsque, en 1960, j'ai quitté mon Chicoutimi rural pour venir poursuivre mes études à la Faculté des lettres de l'Université Laval, dans les anciens locaux du Séminaire de Québec, et que j'entendais, dans les rues de la haute et de la basse ville, les jeunes Québécois s'exprimer avec un accent légèrement différent du mien.

En 1967, lors d'une visite au Saguenay, Jean-Denis Gendron et Georges Straka m'ont proposé de consacrer ma thèse de doctorat à l'étude du parler rural de la région (*cf.* Lavoie, 1970) et, près de 35 ans plus tard, je travaille toujours sur le même sujet. Ce sont quelques-uns des résultats de ces travaux que je tenterai de résumer ici. Le plan ne sera pas compliqué et je vais essayer de faire simple, non pas dans le sens de «faire l'imbécile» comme on dit chez nous, mais dans celui de «dire simplement les choses». Dans une première partie, je présenterai les principaux travaux qui ont été menés sur ce français régional ; dans une deuxième partie, j'en rappellerai les origines puis je présenterai quelques-uns des mots qui contribuent à le rendre original par rapport au français parlé ailleurs au Québec.

Principaux travaux réalisés

Avant d'aborder les caractéristiques lexicales des parlers du Saguenay–Lac-Saint-Jean, il convient au préalable de jeter un regard rapide sur les principaux travaux auxquels ils ont donné lieu. Étant donné que la région est de colonisation récente (les premiers colons ne s'installent au Saguenay qu'à partir de 1838), les réflexions sur la langue ne commencent à paraître qu'à la fin du XIXe siècle, d'abord dans le cercle restreint des institutions religieuses d'enseignement et dans les journaux de l'époque. Soulignons que le Séminaire de Chicoutimi n'a été fondé qu'en 1873, l'école pour jeunes filles du Bon-Pasteur (qui deviendra par la suite l'École normale) en 1864, et que les premiers journaux apparaissent quelques années plus tard : *Le Progrès du Saguenay* (1887, devenu *Le Quotidien* en 1973), *La Défense* (1898-1905) et *Le Travailleur* (1905-1912).

Tous ces travaux se laissent classer en deux catégories : ceux qui sont de nature plutôt normative ou corrective et ceux qui ont un caractère davantage descriptif.

Travaux de nature normative ou corrective

Cette première catégorie est constituée de chroniques de langage destinées à améliorer la qualité de la langue des habitants de la région. Ce n'est que tout récemment que je me suis penché sur cette question de la norme en région dans le cadre des travaux que je poursuis en collaboration avec mes collègues Claude Verreault et Louis Mercier en vue de la constitution de la base de données textuelles ChroQué, composée de chroniques québécoises de langage, depuis celles d'Arthur Buies (1865-1866, sous le pseudonyme Bl.), qui ont été les premières du genre, d'Alphonse Lusignan (1884-1885) et de Louis Fréchette (1893-1903), qui ont vraiment lancé le genre au Québec[1].

Les plus anciennes chroniques

Les premières chroniques paraîtront dans *L'Oiseau-Mouche* (1893-1902), la petite revue du Séminaire de Chicoutimi. Fait intéressant, la toute première, parue en 1894 et signée du pseudonyme Denis Ruthban (Adjutor Rivard, le futur cofondateur de la Société du parler français au Canada en

---

CHICOUTIMOIS *VS* CHICOUTIMIEN

Il y a peu de jours, se fit à l'OISEAU-MOUCHE, un débat, dont il convient de conserver l'histoire pour les générations futures.

Abner, Laurentides, Ruthban, et d'autres encore, se trouvant réunis, devisaient agréablement. Passant d'un sujet à un autre, ils en vinrent à considérer que le temps n'est plus des périphrases et des circonlocutions, que chaque chose s'appelle maintenant par son nom, et que si les mots manquent on en invente, – ce qui est bien comm[o]de.

Alors se posa la question : de quel nom appeler les habitants de Chicoutimi ?

Il y avait bien *Chicoutimien*... Mais cela fut trouvé mesquin, pauvre, chétif, et par trop moderne. Chicoutimi est un mot sauvage comme le pays qu'il nomme, et le suffixe *ien*, outre son air chiche et malingre, n'a pas la moindre parenté avec la langue montagnaise. *Chicoutimien*, mot hybride, monstre étymologique, fut donc écarté de par la sagesse des délibérants.

D'autres suggestions, plus ou moins cocasses, furent également rejetées. *Chicoutimiaux* n'obtint pas même le suffrage de celui qui l'avait mis en avant. *Chicoutimeux*, timidement proposé, fut hué comme il le méritait.

Enfin, on trouva *Chicoutimois*... et ce fut un enthousiasme unanime. Vive *Chicoutimois* ! on adopta *Chicoutimois* ! on décida de lancer *Chicoutimois* ! on résolut de faire passer *Chicoutimois* !... Et tout allait pour le mieux dans le plus sage des conseils.

Chicoutimois l'emportait donc. Mais, hélas ! ici-bas toute victoire est éphémère. Arrivent soudain Ornis, Derfla, Livius... et la guerre éclate ! Pour maintenir *Chicoutimien*, ces derniers se jettent sur *Chicoutimois*. Pauvre *Chicoutimois* ! il est bientôt analysé, décomposé, dépecé : il en sort des jeux de mots atroces, des calembours inouïs, des dissonances affreuses, des cacophonies incroyables ; et *Chicoutimois* nous est rendu, mutilé, méconnaissable, n'ayant plus forme humaine !...

Et voilà comme en ce monde « les plus belles choses ont le pire destin ».

DENIS RUTHBAN

---

1. Accessible sur le web (www.tlfq.ulaval.ca/lexique/chroque), la base ChroQué est réalisée grâce au soutien financier du Secrétariat à la politique linguistique du Gouvernement du Québec. Elle vise à favoriser la diffusion, la consultation et l'exploitation à des fins de recherche de textes qui ont joué un rôle déterminant dans la construction de l'imaginaire linguistique des Québécois ainsi que dans leur rapport à la norme (*cf.* Gagné et Verreault, à paraître).

1902), portera sur «*Chicoutimois* vs *Chicoutimien*» (*cf.* encadré). Elle sera suivie d'une dizaine d'autres signées, selon la coutume de l'époque, de pseudonymes comme Ornis (Mgr Victor-A. Huard, qui s'installera au Séminaire de Québec à partir de 1901 et qui était l'ami personnel de Rivard), Livius (abbé Elzéar Delamarre) et, surtout, Abner (abbé Narcisse Degagné, dont je reparlerai plus loin), qui se prononce par exemple sur l'orthographe du mot *Québécois* (1899) ou contre la réforme de l'orthographe (1900a et 1900b). On cherchait quelque peu la méthode, mais déjà on intitulait certaines de ces chroniques «Questions de langue française» et on faisait à l'occasion référence à celles que Louis Fréchette (1893-1903) tenait hebdomadairement dans les journaux nationaux.

Mentionnons encore deux courtes séries d'articles publiées dans *La Défense* par l'abbé Maxime Hudon, sous le pseudonyme de Firmin Paris, et qui font déjà figure de véritables chroniques de langage: la première, plutôt polémique, est intitulée «M. Louis Fréchette et la langue française» (1899-1900), la deuxième, «Causerie philologique» (1901).

L'œuvre d'épuration linguistique de l'abbé Narcisse Degagné, d'Alfred Carrier et des Cercles du bon parler français

Narcisse Degagné était un fin lettré, un humaniste marqué par la langue classique et un critique littéraire acerbe qui ne se gênait pas pour dénigrer l'œuvre poétique de Louis Fréchette ou celle de Nérée Beauchemin, par exemple. Auteur de nombreux articles à saveur littéraire, il en rédigera aussi quelques-uns sur la langue (*cf.* Degagné 1894, 1895, 1897, 1910-1912, 1926, 1931 et 1935). Comme chroniqueur de langage, il commencera d'abord par signer deux courtes séries dans la revue mensuelle *L'Enseignement primaire* (1916-1917 et 1918-1920) puis, pendant 14 ans, il publiera hebdomadairement, dans *Le Progrès du Saguenay*, une très longue série intitulée «Questions de français» (1927-1940). Chaque semaine, il aborde quelques incorrections qu'il a observées dans les journaux de France, du Québec ou du Saguenay. Il laisse aussi une large place à la langue parlée, aux questions de variation géographique puisque lui-même était originaire de Métis, dans le Bas-Saint-Laurent.

À la mort de Degagné en 1942, Alfred Carrier, natif du Lac-Saint-Jean et qui avait travaillé antérieurement dans le monde de l'édition à Montréal, reprendra les «Questions de français» dans *Le Progrès du Saguenay* (1942-1946). Il aborde des sujets comme «Les habitants du Lac-Saint-Jean» (22 octobre 1942), «Le Saguenay, fleuve ou rivière» (6 juillet 1944), «Le rôle des puristes» (17 juin 1943) ou «La coque, la coquille ou l'écale d'un œuf» (1ᵉʳ juillet 1943).

Mentionnons encore tout le travail de correction linguistique et d'animation qui se faisait au Séminaire de Chicoutimi dans le cadre des Cercles du bon parler français. Les procès-verbaux de ces cercles, conservés aux Archives du Séminaire de Chicoutimi, couvrent la période 1919-1946 et ils nous renseignent avec précision sur leur fonctionnement et leurs activités (*cf.* Lavoie, 1998).

Les chroniques linguistiques du bureau régional de l'Office de la langue française

De 1989 à 1993, Hubert Troestler, alors linguiste responsable du bureau régional de l'Office de la langue française à Jonquière, publiera dans *Le Réveil de Chicoutimi* une première série de chroniques intitulée «Ma langue, j'y tiens». En 1995, il poursuivra le même travail dans *Le Quotidien*, dans une nouvelle série intitulée cette fois «Le français quotidien». Il sera remplacé par la suite par Margaret Vien, l'actuelle linguiste du bureau régional de Jonquière, qui signera 46 chroniques (1995-1996). Chaque chronique traite un seul sujet très brièvement, généralement en réponse à une question des lecteurs : «Boostage... ce n'est pas français» (26 décembre 1989), «Antidaté ou postdaté» (3 avril 1995) ; «Quand le fax... perd la face» (29 mai 1995), par exemple.

Il est intéressant de constater que, à l'instar des centres plus importants de Montréal et de Québec, la région du Saguenay–Lac-Saint-Jean a toujours eu, depuis la fin du xixᵉ siècle, des chroniqueurs qui avaient des préoccupations normatives et qui réfléchissaient en région à la fois sur des problèmes généraux de langue comme sur des questions plus régionales. L'histoire du français de ces régions ne peut pas se comprendre ni s'expliquer sans faire l'étude de ces nombreux textes.

Travaux de nature descriptive

Cette deuxième catégorie comprend des enquêtes linguistiques, des recueils de particularismes ainsi que des réflexions diverses sur l'histoire et l'originalité des parlers de la région.

L'enquête géolinguistique de la Société du parler français au Canada

La Société du parler français au Canada, fondée en 1902 par Adjutor Rivard et Stanislas Lortie, a joué un rôle considérable dans l'étude du français québécois et son travail le plus remarquable demeure certes la publication du

Glossaire du parler français au Canada (GPFC) en 1930. Mais la Société ambitionnait en plus de publier un *Atlas dialectologique de la province de Québec* (*cf.* Mercier, 1992 et 2002 ; Lavoie, 1979). Au début de 1904, elle avait entrepris en ce sens une vaste enquête par correspondance à travers tout le Québec mais, pour diverses raisons, le projet est resté inachevé et on fera des enquêtes seulement pour les mots commençant par les lettres A, B et C. Les résultats de ces enquêtes partielles sont conservés à l'Université Laval et une édition informatisée préparée par Louis Mercier et Claude Verreault sera bientôt consultable sur le web (*cf.* Mercier, 1999). Dans ce fichier dialectologique, on trouve des indications intéressantes pour Charlevoix (deux correspondants réguliers ont répondu), Chicoutimi (trois correspondants) et le Lac-Saint-Jean (un seul correspondant). On peut aussi consulter avec profit un fichier de travail qui contient diverses données sur des mots compris entre les lettres A et R, notamment des mots localisés dans la région du Saguenay–Lac-Saint-Jean. Citons le cas de *arbidou* « apprenti dans les chantiers forestiers », qui est typique des parlers de la région et qui s'y trouve attesté pour la première fois en 1904.

L'enquête de Marius Barbeau à Saint-Irénée de Charlevoix

On peut difficilement séparer le parler de Charlevoix de ceux du Saguenay–Lac-Saint-Jean en raison de leurs origines communes, comme je le signalerai plus loin. Enquêtant à Saint-Irénée en 1916, l'ethnologue Marius Barbeau, d'origine beauceronne, sera tout de suite frappé par l'originalité de la langue parlée dans Charlevoix et, dans un article intitulé « Le pays des gourganes » (1918), il mettra en doute l'idée de « l'unité absolue du parler canadien » prônée par Adjutor Rivard quelques années plus tôt (1914 : 40). Barbeau identifie une longue liste de régionalismes de Charlevoix et il faut reconnaître que cette identification est relativement juste (*agès* « environs, dépendances », *biseau* « gerbe de blé ou d'avoine », *pèlera* « couverture », *bicher* « caresser, flatter », *chouenner* « s'amuser en route, flâner », etc.).

Contributions de l'abbé André Laliberté et du père Laurent Tremblay

Le 11 février 1942, l'abbé André Laliberté, directeur du quotidien *Le Progrès du Saguenay*, donnera une conférence à la séance publique de la Société du parler français au Canada, à l'Université Laval. Portant sur les grandes caractéristiques du français du Saguenay et intitulée « Le parler populaire au pays des bleuets », cette conférence sera publiée l'année suivante (Laliberté, 1943). Pour préparer sa conférence, Laliberté s'est servi assez librement d'une longue lettre (18 pages dactylographiées) intitulée « La langue de nos gens », que lui avait fait parvenir le père Laurent Tremblay, qui prêchait alors des retraites à travers la province et qui avait une très bonne connaissance du français parlé dans les différentes régions du Québec. Tout en fournissant à Laliberté d'intéressants matériaux pour son étude du français du Saguenay, cette lettre livre en même temps un survol des grandes caractéristiques du français parlé dans les autres régions du Québec (*cf.* Verreault et Lavoie, 1999).

Travaux de Mgr Victor Tremblay

Mgr Victor Tremblay est surtout connu comme historien et pour l'apport considérable qu'il a fourni à l'histoire de la région du Saguenay–Lac-Saint-Jean. Mais il ne faut pas oublier qu'il s'est intéressé également de très près à la langue régionale. Je n'évoquerai ici que très brièvement sa contribution dans trois domaines particuliers. Dès 1920, plusieurs années avant la fondation de la Société historique du Saguenay en 1934 et de la revue d'histoire *Saguenayensia* en 1959, il avait décidé de recueillir des «Mémoires de vieillards» en essayant de garder l'authenticité de leurs paroles et d'apporter un souci particulier à la langue régionale. La collection recueillie, qui est en dépôt aux Archives nationales du Québec à Chicoutimi, compte près de 800 récits et je les ai largement cités dans ma thèse de doctorat (*cf.* Lavoie, 1970). Mgr Tremblay a aussi longtemps été l'animateur, le représentant régional de la Société du bon parler français, fondée en 1923 par Jules Massé. Il organisait les grandes séances publiques de rassemblement au Théâtre Capitol avec conférences sur la langue (lui-même en donnera une intitulée «La langue française au Saguenay» à la séance du 14 octobre 1951, *cf.* Tremblay, 1977), concours oratoires et concerts musicaux. Il a d'ailleurs très tôt été fait chevalier de cet organisme pour la région. Mentionnons enfin l'enquête sur le vocabulaire qu'il a organisée avec les Cercles de fermières de la région à la fin des années 1940 (*cf.* Tremblay, 1949). Il cherchait «à recueillir *les manières de s'exprimer* au pays du Saguenay» (p. [1]) et il avait préparé un questionnaire très précis portant sur une trentaine de thèmes. Il chiffrait lui-même à environ 3 000 le nombre d'observations ramassées à travers les villages de la région.

Deux glossaires régionaux

Le premier de ces glossaires est paru en 1988, sous le titre *Des mots pittoresques et savoureux*, et il a été préparé par Raoul Lapointe, connu surtout pour ses publications sur l'histoire régionale. Sa nomenclature a été élaborée principalement à partir d'enregistrements du père de l'auteur et d'autres personnes âgées de la région. Le vocabulaire caractéristique de la région n'étant pas identifié comme tel, les mots généraux y côtoient les mots régionaux.

C'est sans doute ce qui explique que le sous-titre de *Dictionnaire du parler populaire du Saguenay–Lac-Saint-Jean* ait été remplacé par celui de *Dictionnaire du parler populaire au Québec* lors de la réédition que l'ouvrage a connue en 1990.

Soulignons aussi, pour le parler de Charlevoix, le petit recueil de régionalismes de l'abbé Jean Moisan, curé de Saint-Joseph-de-la-Rive, intitulé *La chouenne de Charlevoix* (1996). L'auteur étudie sommairement environ 130 régionalismes charlevoisiens assez justement identifiés et qu'on retrouve pour la plupart aussi dans la région du Saguenay–Lac-Saint-Jean. Réédité en 2001, l'ouvrage reprend grosso modo le contenu d'une première liste que l'auteur avait publiée en 1983 sous le même titre.

Les enquêtes dialectologiques de Gaston Dulong et de Thomas Lavoie

La présentation de ces grandes enquêtes demanderait à elle seule toute une conférence et je ne ferai ici qu'en retracer les grandes lignes. Deux enquêtes dialectologiques d'importance ont tenté de faire la description du français rural des régions linguistiques de l'Est du Canada. La première, dirigée par Gaston Dulong, sur le modèle de l'*Atlas linguistique de la France* (ALF), s'est déroulée entre 1969 et 1973 et elle a couvert l'ensemble du territoire québécois (152 localités), les Maritimes (9 localités) et l'Ontario (8 localités). Les résultats de cette vaste enquête, qui comprenait 2 310 questions portant sur la vie traditionnelle d'autrefois, ont été informatisés et publiés en 1980 (*Le parler populaire du Québec et de ses régions voisines, cf.* PPQ) sous forme de listes de mots localisés, mais non cartographiés. La région de Charlevoix et du Saguenay–Lac-Saint-Jean y est représentée par une douzaine de localités (*cf.* carte 1, points 8 à 20).

À peu près à la même époque, entre 1972 et 1976, à l'exemple des atlas régionaux de France, j'ai moi-même dirigé des enquêtes similaires auprès de personnes âgées de Charlevoix (16 localités), du Saguenay (18 localités), du Lac-Saint-Jean (35 localités) et de la Côte-Nord (5 localités). À l'aide des mêmes méthodes de compilation informatique que pour le PPQ, un choix de 3 151 questions posées dans 32 localités (sur les 74 enquêtées) sera publié en 1985 sous forme de listes localisées (*Les Parlers français de Charlevoix, du Saguenay, du Lac-Saint-Jean et de la Côte-Nord, cf.* Lavoie et carte 2).

Carte 1

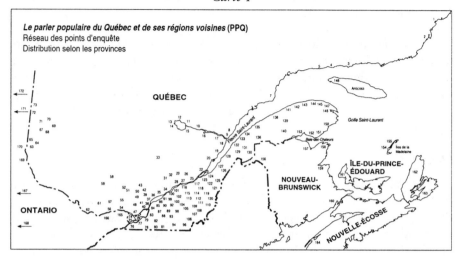

Carte 2

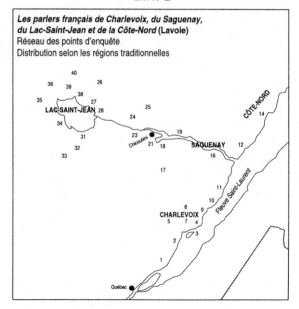

Origines et caractéristiques lexicales des parlers du Saguenay–Lac-Saint-Jean

Comme on vient de le voir dans ce survol rapide, les travaux portant sur les parlers du Saguenay–Lac-Saint-Jean remontent au début du XXe siècle et ils sont relativement nombreux et souvent d'excellente qualité. On peut donc aujourd'hui mieux cerner l'originalité de ces parlers et tenter, malgré la difficulté de la comparaison, de donner une description assez juste de leurs caractéristiques lexicales.

Origines

Le Saguenay–Lac-Saint-Jean n'a été ouvert à la colonisation qu'à partir de 1838 par des pionniers venus majoritairement de Charlevoix. Les recherches démographiques entreprises depuis de nombreuses années par Gérard Bouchard et son équipe ont très précisément retracé ces origines charlevoisiennes. Pour donner une juste idée de ce peuplement relativement homogène, je tire d'un tableau présenté par Gérard Bouchard (1983 : 138) les statistiques suivantes touchant l'origine des colons du Saguenay–Lac-Saint-Jean. Massivement ces colons viennent de Charlevoix (82,8 % pour l'année 1852, 81,8 % pour 1859 et 80,4 % pour 1869), plus marginalement de la région du Bas-Saint-Laurent (respectivement 7,1 %, 13,4 % et 13,1 % pour les mêmes années) et de celle de Québec et des environs (6,0 %, 3,7 % et 4,0 %). C'est donc essentiellement le parler de Charlevoix qui constituera la base primitive de celui des gens du Saguenay–Lac-Saint-Jean. Même si les enquêtes actuelles l'ont très peu démontré, toute cette langue doit remonter initialement au parler des colons de la région de Québec, qui se sont d'abord installés sur la Côte-de-Beaupré et sur l'île d'Orléans. Soulignons encore le mince apport des parlers de l'Ouest et du Centre du Québec dans quelques villages situés au nord du lac Saint-Jean, dont la colonisation s'est effectuée après l'ouverture du chemin de fer aboutissant à Chambord en 1888. Des mots comme *parc* « stalle du cheval dans l'étable » et *tirant* « trait court reliant la cheville d'attelage au collier du cheval » en témoignent (*cf.* Lavoie et Verreault, 1999).

Je ne voudrais pas terminer cette partie sans mentionner les recherches récentes que mon collègue Jean-Paul Chauveau, coauteur de l'*Atlas linguistique et ethnographique de la Bretagne romane, de l'Anjou et du Maine* (ALBRAM), et moi-même avons menées depuis quelques années sur l'apport percheron dans le parler ancestral des colons de Charlevoix et du Saguenay–Lac-Saint-Jean (*cf.* Chauveau et Lavoie, 1993 et 1996). Les statistiques établies par René Jetté, Danielle Gauvreau et Michel Guérin (1991 :

101) et dernièrement par Marc Tremblay (1999) ont montré que 50 % des familles fondatrices de Charlevoix étaient originaires du Perche en France. L'étude du vocabulaire de quelques champs traditionnels comme celui de la charrue à rouelles, des récoltes, des moissons et de la basse-cour l'a aussi démontré (*cf.* Chauveau, 1995 et 2000 ; Chauveau et Lavoie, 1993 et 1996).

Caractéristiques lexicales

Similitudes avec les parlers de l'Est du Québec

Le français du Saguenay–Lac-Saint-Jean, comme celui de Charlevoix d'ailleurs, offre de grandes similitudes avec les parlers de l'Est du Québec dont l'origine remonte à l'extension du premier peuplement amorcé en 1608 à partir de Québec. Les recherches actuelles ont clairement établi que deux aires linguistiques relativement distinctes se sont précisées au fil des années, l'une caractérisant les parlers de l'Est, avec Québec comme pôle de diffusion, l'autre ceux de l'Ouest, avec Montréal comme centre de propagation (*cf.* Verreault et Lavoie, 1996 ; Bergeron, 1995). D'autres études (Lavoie et Verreault, 1999 ; Cossette, 1996) ont encore démontré que ces parlers se rejoignaient dans une zone centrale assez changeante qui recevait à la fois des influences de l'Est et de l'Ouest (*cf.* carte 3). Pour illustrer cette variation, jetons d'abord un coup d'œil rapide sur de légères différences lexicales relevées dans des inventaires de biens après décès effectués entre 1850 et 1900 par quatre notaires ayant pratiqué dans la région du Saguenay (Ovide Bossé, entre 1851-1883 ; Lucien Tremblay, 1866-1905 ; Thomas-Z. Cloutier, 1863-1900 ; Jean Gagné, 1872-1893) et par un autre ayant oeuvré dans l'Ouest québécois (Onésime Bellemarre, 1854-1897), plus précisément à Saint-Guillaume d'Upton et dans les villages des environs (entre Drummonville et Saint-Hyacinthe). La comparaison montre qu'on utilisait à l'époque des mots différents dans les régions de l'Ouest et de l'Est : *travail* et *menoire* « brancards d'une voiture », *guides* et *cordeaux* « rênes de conduite du cheval », *tirant* et *tirette (de collier)* « trait court d'attelage », *feston* et *cheville (d'attelage)* « atteloire d'attelage du cheval », *tombereau* et *banneau* « voiture de travail à bascule », *attelle* et *antelle* de collier, *cendrier* et *casserole* à cendre du poêle, *perche* et *pieu* de clôture, etc. Fait intéressant, les inventaires d'Onésime Bellemarre laissent encore apparaître un vocabulaire technique relié à l'exploitation de l'érable (*sucrerie, chaudron à sucre, seau* ou *chaudière à sucrerie, tranche à sucre, moule à sucre, boîte à sucrerie, pain de sucre, sucre de plaine*), à la culture du maïs pour les animaux (*blé d'Inde en épi, blé d'Inde lessivé, blé d'Inde en tresse, blé d'Inde égrené, blé d'Inde à vaches, sucet de blé d'Inde*) ou à la fabrication du miel (*boîtes d'abeilles* ou *de mouches à miel*, es-

saim de jeunes ou *de vielles abeilles, cabane d'abeilles*). De façon similaire, mais sans qu'on en retrouve toutefois le vocabulaire dans les inventaires dépouillés, la terminologie en rapport avec la cueillette des bleuets est très riche dans la région du Saguenay-Lac-Saint-Jean (*cf.* Gilbert, 1989, et Lavoie, q. 622-645).

Carte 3

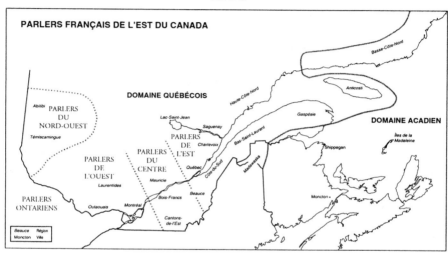

Tableau 1
Différences lexicales entre les parlers de l'Est et de l'Ouest québécois

MOTS		SENS
Est	Ouest	
pilasser	*piloter*	« piétiner »
shoeclaques	*running-shoes*	« espadrille »
pair	*pis*	« pis de la vache »
toque	*graquias* et *artichaut*	« bardane ; capitule de la bardane »
pieu	*perche* et *boulin*	« perche horizontale de clôture »
panse-de-vache	*ventre-de-bœuf*	« fondrière due à la gelée »
vernousser	*vernailler*	« s'occuper à de menus travaux »
râche	*marc*	« fond d'un récipient »
about	*cintre*	« extrémité d'une pièce de terre où tourne la charrue »
neigeasser	*neigeailler*	« neiger légèrement »

Le tableau 1 présente quelques autres exemples de différences lexicales que l'on peut observer entre les parlers de l'Est et ceux de l'Ouest québécois. Parfois, certains mots se retrouvent seulement dans l'Est ou dans l'Ouest.

Pour l'Est, signalons encore des mots comme *brûlette* «ciboulette», *cani* «moisi», *auripiaux* «oreillons», *chanteau de chaise* «patin arqué de chaise berceuse», *fournil* «allonge au corps principal d'une maison où l'on séjourne habituellement l'été», *rouelle* «roue de l'avant-train de l'ancienne charrue», *broc* «fourche», *pichou* «mocassin indien», *fontaine* «puits», etc.

Régionalismes du Saguenay–Lac-Saint-Jean

En 1990, j'ai entrepris la rédaction d'un ouvrage de synthèse sur les parlers du Saguenay–Lac-Saint-Jean. Dans la première partie du volume toujours en chantier, je ferai l'historique de ces parlers. Dans la seconde partie, je me propose d'étudier un certain nombre de régionalismes assez sûrs. Pour établir le corpus, j'ai d'abord parcouru les résultats des deux grandes enquêtes géolinguistiques (PPQ et Lavoie). Ce premier repérage m'a fourni environ 500 régionalismes. Dans une deuxième étape, j'ai vérifié ce corpus dans l'important fichier lexical du Trésor de la langue française au Québec, ce qui m'a permis d'écarter une centaine de mots attestés ailleurs qu'au Saguenay–Lac-Saint-Jean. Enfin, dans une dernière tentative de vérification, nous sommes allés, Michelle Côté, mon assistante de recherche, et moi-même, soumettre ce corpus de 400 mots dans trois autres régions du Québec: Sainte-Blandine (près de Rimouski), Saint-Joseph-de-Beauce et Pointe-du-Lac (ouest de Trois-Rivières). Ces enquêtes de terrain nous ont de nouveau fait enlever une centaine d'autres mots bien attestés dans ces régions et c'est finalement 300 régionalismes caractéristiques du Saguenay–Lac-Saint-Jean que nous avons retenus pour la publication.

La cuisine en fournit quelques-uns: la *tourtière*, ce «hachis de viande (ou de gibier en saison) et de cubes de pomme de terre en croûte», est très différente de celle des autres régions du Québec qu'on désigne simplement par *pâté de viande* au Saguenay (à l'extérieur, quand on veut parler de ce mets typique, on le nomme *tourtière du Saguenay* ou *tourtière du Lac-Saint-Jean*); la *soupe aux gourganes* préparée avec la fève des marais; le *cipâte aux bleuets* dont la préparation rappelle celle du *cipâte à la viande* de la région du Bas-Saint-Laurent; le *chaland aux bleuets*, où les fruits sont simplement déposés sur une pâte dans un grand plat rectangulaire rappelant la *voiture d'eau* («embarcation») et le *macoucham* montagnais («mélange à la fois de gibier et de poisson»).

Le relief et la nature de ces régions sont encore marqués par les *crans* rocheux (la moraine des géographes) qui amèneront à faire la distinction entre les *bleuets de cran* ou de *frique* (la friche de Normandin), entre les *atocas de cran* et *de savane* («airelles canneberges») ou la *mousse de cran* et la *mousse de savane* («espèces de cladonias») ; par les *gattes* d'eau («terrains bas, inondés au printemps») où les voitures *s'engattaient* («s'embourbaient») ; par les *falaises de neige* (*cf.* aussi *s'enfalaiser* «s'embourber»), c'est-à-dire les *bancs de neige* des autres régions. Enfin, l'*abat-vent* de Charlevoix, sorte de toit en surplomb établi sur la façade de l'étable pour la protéger du vent ou de la neige, se transforme en un *appentis* devant l'étable au Saguenay–Lac-Saint-Jean.

On remarque aussi une certaine préférence pour l'utilisation du suffixe *-u*, comme dans les mots *boutonnu* «boutonneux», *jottu* «joufflu», *lainu* «laineux», *moutonnu* ou *motonnu*, en parlant d'un tissu légèrement frisé, et *chicotu*, en parlant de quelqu'un de chétif, de maigre.

Quelques régionalismes anciens sont encore employés à l'occasion pour désigner des parties du corps : *bibe de l'oeil* «orgelet», *fosse du cou* «nuque», *gagouette* «pomme d'Adam», *babioles* «grosses lèvres», *margeoles* «grosses joues» et *coton de la queue* «coccyx».

Je me permets enfin de citer quelques exemples de termes plus rares et un peu plus techniques, qui nous font remonter jusqu'aux lointaines sources dialectales françaises : *besingue* «mésange à tête noire»[2], qui se rencontre aussi en Picardie et dans le Massif central ; *biseau* «gerbe d'avoine», qui a été relevé à quelques reprises en France, notamment en Picardie, en Champagne et en Brie ; *brauder* et *rebrauder* «perdre ses plumes (en parlant de la poule)», «mettre des vêtements plus soignés» ou «recommencer à courtiser peu de temps après son veuvage», qui ont été relevés dans le Perche.

Mais les régionalismes sont de plus en plus rares et difficiles à identifier. Un mot comme *bobette* «slip», qu'on disait jadis régional, a eu depuis une telle diffusion à l'extérieur qu'il est devenu général au Québec. C'est encore le cas de *Bleuets* pour désigner les habitants du Saguenay-Lac-Saint-Jean qui sont aujourd'hui très nombreux dans les centres de Montréal, de Québec ou d'Ottawa, et qui y forment des associations de *Bleuets*.

Concluons en espérant ne pas avoir été trop *gigon* ou *zezon*, ni d'avoir fait des *discours simples* ou raconté un tas de *chimoires* ou de *chouennes*.

---

2. Le mot est attesté notamment dans *Menaud, maître-draveur* de Félix-Antoine Savard (1937) : «Tout le printemps s'était réfugié là, comme une petite besingue au creux d'un chicot, les soirs de rafale» (p. 213).

Références

ABNER [pseud. de Narcisse Degagné] (1899), « Questions de langue française », *L'Oiseau-Mouche*, Chicoutimi, vol. 7, n° 20 (16 décembre), p. 79-80.

—— (1900a), « Observation », *L'Oiseau-Mouche*, Chicoutimi, vol. 8, n° 16 (27 octobre), p. 61.

—— (1900b), « Épilogue », *L'Oiseau-Mouche*, Chicoutimi, vol. 8, n° 19 (8 décembre), p. 74.

ALBRAM : GUILLAUME, Gabriel, et Jean-Paul CHAUVEAU, avec la collab. de Renée LAGRANGE-BARRETEAU, *Atlas linguistique et ethnographique de la Bretagne romane, de l'Anjou et du Maine (atlas armoricain roman)*, vol. 1 (*La flore*), Paris, Éditions du Centre national de la recherche scientifique (« Atlas linguistiques de la France par régions »), 1975 ; vol. 2 (*Flore. Terre. Temps. Maison*), 1983.

ALF : GILLIÉRON, Jules, et Edmond EDMONT, *Atlas linguistique de la France*, Paris, Honoré Champion éditeur, 1902-1910, 35 fascicules en 17 vol.

BARBEAU, C.-Marius (1918), « Le pays des gourganes », *Mémoires et comptes rendus de la Société royale du Canada*, Ottawa, 3ᵉ série, tome 11 (séance de mai 1917), section 1, p. 193-225.

BERGERON, Gaston (1995), *L'Atlas linguistique de l'Est du Canada et les aires de variations linguistiques au Québec*, thèse de doctorat, Shebrooke, Université de Sherbrooke, xiii-324 p. + 1 vol. non paginé de documents et annexes.

BL. [pseud. d'Arthur Buies] (1865-1866), « Barbarismes canadiens », *Le Pays*, Montréal, 26 octobre 1865 – 5 janvier 1866 (5 chroniques).

BOUCHARD, Gérard (1983), « Le peuplement blanc », dans Christian Pouyez et Yolande Lavoie, avec la collab. de Gérard Bouchard, Raymond Roy, Jean-Paul Simard et Marc St-Hilaire, *Les Saguenayens. Introduction à l'histoire des populations du Saguenay, XVIᵉ-XXᵉ siècles*, Sillery, Presses de l'Université du Québec, p. 125-180.

CARRIER, Alfred (1942-1946), « Questions de français », *Le Progrès du Saguenay*, Chicoutimi, 24 septembre 1942 – 12 décembre 1946 (187 chroniques).

CHAUVEAU, Jean-Paul (1995), « Le lexique identificateur géographique », dans Jean-François P. Bonnot (dir.), *Paroles régionales, normes, variétés linguistiques et contexte social*, Strasbourg, Presses universitaires de Strasbourg (« Maison des sciences de l'homme de Strasbourg, 18 »), p. 353-369.

CHAUVEAU, Jean-Paul (2000), « Sur les emprunts lexicaux du québécois au percheron », dans Marie-Rose Simoni-Aurembou (éd.), *Français du Canada – Français de France. Actes du cinquième Colloque international de Bellême, France, du 5 au 7 juin 1997*, Tübingen, Max Niemayer Verlag (« Canadiana Romanica, 13 »), p. 87-109.

CHAUVEAU, Jean-Paul, et Thomas LAVOIE (1993), « À propos des origines dialectales du lexique québécois », *Revue de linguistique romane*, Strasbourg, tome 57, nᵒˢ 227-228 (juillet-décembre), p. 373-420.

—— (1996), « Rapports lexicaux entre l'Est québécois et l'Ouest du domaine d'oïl », dans Thomas Lavoie (éd.), *Français du Canada – Français de France. Actes du quatrième Colloque international de Chicoutimi, Québec, du 21 au 24 septembre*

1994, Tübingen, Max Niemayer Verlag («Canadiana Romanica, 12»), p. 47-61.

COSSETTE, André (1996), «Étude géolinguistique de la rencontre des parlers de l'Est et de l'Ouest du Québec», dans Thomas Lavoie (éd.), *Français du Canada – Français de France. Actes du quatrième Colloque international de Chicoutimi, Québec, du 21 au 24 septembre 1994*, Tübingen, Max Niemayer Verlag («Canadiana Romanica, 12»), p. 259-273.

DEGAGNÉ, Narcisse (1894), «Octave Crémazie. Étude littéraire», *La Revue canadienne*, Montréal, 30ᵉ année, p. 321-336, 415-431 et 472-487.

—— (1895), «Philippe-Aubert [*sic*] de Gaspé. Étude littéraire», *La Revue canadienne*, Montréal, 31ᵉ année, p. 456-478 et 524-551.

—— (1897), «M. l'abbé Apollinaire Gingras. Étude littéraire», *La Revue canadienne*, Montréal, 33ᵉ année, p. 470-494.

—— (1910-1912), «L'Académie française d'aujourd'hui. Silhouettes académiques», *La Nouvelle-France*, Québec, tome 9, n° 1 (janvier 1910) p. 14-21, n° 4 (avril), p. 145-153, n° 7 (juillet), p. 302-313, n° 11 (novembre), p. 490-501, tome 10, n° 2 (février 1911), p. 67-76, n° 4 (avril), 145-155, n° 7 (juillet), p. 299-309, tome 11, n° 6 (juin 1912), p. 251-261.

—— (1916-1917), «Une faute de français», *L'Enseignement primaire*, Québec, 37ᵉ année, n° 8 (avril 1916), p. 450-451, 38ᵉ année, n° 1 (septembre 1916), p. 11-12, n° 5 (janvier 1917), p. 262-263.

—— (1918-1920), «Fleurs cueillies dans le jardin de la presse», *L'Enseignement primaire*, Québec, 40ᵉ année, n° 2 (octobre 1918), p. 66-67, n° 3 (novembre), p. 131-132, n° 4 (décembre), p. 195-196, n° 5 (janvier 1919), p. 264-265, n° 7 (mars), p. 390-392, n° 9 (mai), p. 520-522, «Fleurs de presse», 41ᵉ année, n° 5 (janvier 1920), p. 264-266, n° 6 (février), p. 324-326, n° 7 (mars), p. 393-394.

—— (1926), «La langue française», *Le Canada français*, Québec, vol. 14, n° 1 (septembre), p. 22-27.

—— (1927-1940), «Questions de français», *Le Progrès du Saguenay*, Chicoutimi, 26 avril 1927 – mai 1940 (567 chroniques).

—— (1931), «Des idiotismes», *L'Enseignement primaire*, Québec, vol. 52, n° 7 (mars), p. 425-426.

—— (1935), «La bonne diction française», *Le Petit Courrier du Bon-Pasteur de Québec*, Québec, vol. 15, n° 4 (mars-avril), p. 122-123, n° 5 (mai-juillet), p. 153-155.

ELKOURI, Rima (2001), «Ma 1ʳᵉ année à Montréal», *La Presse*, Montréal, 13 janvier, p. A1 et A19, 14 janvier, p. A6, 15 janvier, p. A6.

FRÉCHETTE, Louis (1893-1903), «À travers le dictionnaire et la grammaire. Corrigeons-nous!», *La Patrie*, Montréal, 8 juillet 1893 – 15 février 1896 (99 chroniques); *La Presse*, Montréal, 3 mars 1897 – 13 janvier 1900 (46 chroniques); *Le Canada*, Montréal, 30 mai 1903 – 25 juillet 1903 (9 chroniques).

GAGNÉ, Frédérick, et Claude VERREAULT (à paraître), «La base de données textuelles Chroqué: pour une description plus complète du français en usage au Québec», dans Louis Mercier et Hélène Cajolet-Laganière (éd.), *Français du*

Canada – Français de France. Actes du sixième Colloque international de Magog, du 27 au 30 septembre 2000, Tübingen, Max Niemeyer Verlag («Canadiana Romanica»).

GILBERT, Roberta (1989), *Le vocabulaire de la cueillette du bleuet dans la région du Lac-Saint-Jean*, mémoire de maîtrise, Québec, Université Laval, 182 p.

GPFC: *Glossaire du parler français au Canada*, préparé par la Société du parler français au Canada avec le concours de ses membres, de ses correspondants et de ses comités d'étude, Québec, Les Presses de l'Université Laval («Langue française au Québec, 3ᵉ section: Lexicologie et lexicographie, 1»), 1968, xix-709 p. [Réimpr. de l'éd. originale de 1930.]

JETTÉ, René, Danielle GAUVREAU et Michel GUÉRIN (1991), «Aux origines d'une région: le peuplement fondateur de Charlevoix avant 1850», dans Gérard Bouchard et Marc De Braekeleer (dir.), *Histoire d'un génôme. Population et génétique dans l'est du Québec*, Sillery, Presses de l'Université du Québec, p. 75-106.

LALIBERTÉ, André (1943), «Le parler populaire au pays des bleuets», *Le Canada français*, Québec, vol. 30, nᵒ 5 (janvier), p. 355-370.

LAPOINTE, Raoul (1988), *Des mots pittoresques et savoureux. Dictionnaire du parler populaire du Saguenay-Lac-Saint-Jean*, Montréal, La Fédération des sociétés d'histoire du Québec («Archiv-Histo»), 129 p. [Nouv. éd., intitulée *Des mots pittoresques et savoureux. Dictionnaire du parler populaire au Québec*: 1990, Lidec – La Fédération des sociétés d'histoire du Québec («Archiv-Histo»), xx-171 p.]

Lavoie: LAVOIE, Thomas, Gaston BERGERON et Michelle CÔTÉ, *Les parlers français de Charlevoix, du Saguenay, du Lac-Saint-Jean et de la Côte-Nord*, Québec, Gouvernement du Québec («Les publications du Québec»), 1985, 5 vol.

LAVOIE, Thomas (1970), *Le français parlé à Chicoutimi (Canada)*, thèse de doctorat de 3ᵉ cycle, Strasbourg, Faculté des lettres et sciences humaines de Strasbourg, xxxiv-338 p.

—— (1979), «Le projet d'atlas dialectologique de la Société du parler français au Canada», *Protée*, Chicoutimi, vol. 7, nᵒ 2 (automne: *Les français régionaux du Québec*), p. 11-45.

—— (1998), «Le Cercle du bon parler français du Séminaire de Chicoutimi (1919-1935)», *Dialangue*, Chicoutimi, vol. 8 et 9 (avril: *Questions de sens: syntaxe, sémantique et lexicographie*), p. 75-86.

LAVOIE, Thomas, et Claude VERREAULT (1999), «La région linguistique du Centre du Québec n'est-elle qu'une zone de rencontre?», *Dialangue*, Chicoutimi, vol. 10 (avril: *Études de géolinguistique québécoise*), p. 37-48.

LUSIGNAN, Alphonse (1884-1885), «Fautes à corriger. Une chaque jour», *La Patrie*, Montréal, 18 juin 1884 – 9 juillet 1885 (191 chroniques).

MERCIER, Louis (1992), *Contribution à l'étude du* Glossaire du parler français au Canada *(1930): analyse de l'enquête linguistique (1902-1922) de la Société du parler français au Canada et de ses liens avec la genèse du dictionnaire*, thèse de doctorat, Québec, Université Laval, xiii-942 p.

—— (1999), « Informatisation et édition des relevés de l'enquête géolinguistique de la Société du parler français au Canada (1904-1907) », *Dialangue*, Chicoutimi, vol. 10 (avril : *Études de géolinguistique québécoise*), p. 9-15.

—— (2002), *La Société du parler français au Canada et la mise en valeur du patrimoine linguistique québécois (1902-1962). Histoire de son enquête et genèse de son glossaire*, Québec, Les Presses de l'Université Laval (« Langue française en Amérique du Nord »). [Sous presse.]

Moisan, Jean (1983), « La chouenne de Charlevoix », dans *Géographie sonore du Québec, Le Guide d'information, Charlevoix. Région 03*, Les Éboulements, Les Éditions du patrimoine, p. 8-9 et 30.

—— (1996), *La chouenne de Charlevoix*, s.l.n.é., 94 p. [Nouv. éd. : 2001, 126 p.]

Paris, Firmin [pseud. de Maxime Hudon] (1899-1900), « M. Louis Fréchette et la langue française », *La Défense*, Chicoutimi, 2 novembre 1899 – 1ᵉʳ février 1900 (13 articles).

—— (1901), « Causerie philologique », *La Défense*, Chicoutimi, 7 mars – 18 juillet (11 articles).

PPQ : Dulong, Gaston, et Gaston Bergeron (1980), *Le parler populaire du Québec et de ses régions voisines. Atlas linguistique de l'Est du Canada*, Québec, Ministère des communications en coproduction avec l'Office de la langue française (« Études et dossiers »), 10 vol.

Rivard, Adjutor (1914), *Études sur les parlers de France au Canada*, Québec, J.-P. Garneau éditeur, Québec, 280 p.

Ruthban, Denis [pseud. d'Adjutor Rivard] (1894), « Chicoutimois vs Chicoutimien », *L'Oiseau-Mouche*, Chicoutimi, vol. 2, nᵒ 21 (22 décembre), p. 84-85.

Savard, Félix-Antoine (1937), *Menaud, maître-draveur*, Québec, Garneau, 271 p.

Tremblay, Marc (1999), « Origines, mariages et descendances des principaux fondateurs percherons établis en Nouvelle-France au xviiᵉ siècle », *Cahiers percherons*, Ceton, nᵒ 99-1 (*Chroniques du Perche : Nouveaux regards sur le Perche et le Québec*), p. 28-48.

Tremblay, Réjean (2000), « La belle histoire de Jennifer Grenon », *La Presse*, Montréal, 16 décembre, p. G3.

Tremblay, Victor (1949), *Vocabulaire saguenéen. Enquête des fermières*, texte dactylographié, Chicoutimi, Société historique du Saguenay, [71] p.

—— (1977), « La langue française au Saguenay », *Saguenayensia*, Chicoutimi, vol. 19, nᵒˢ 5-6 (novembre-décembre), p. 121-125.

Troestler, Hubert (1989-1993), « Ma langue, j'y tiens », *Le Réveil de Chicoutimi*, Chicoutimi, 5 septembre 1989 – 17 janvier 1993 (163 chroniques).

—— (1995), « Le français quotidien », *Le Quotidien*, Chicoutimi, 13 mars – 18 décembre (39 chroniques).

Verreault, Claude, et Thomas Lavoie (1996), « Genèse et formation du français au Canada : l'éclairage de la géographie linguistique », *Revue de linguistique romane*, Strasbourg, tome 60, nᵒˢ 239-240 (juillet-décembre), p. 411-462.

—— (1999), «"La langue de nos gens" du père Laurent Tremblay: une première synthèse sur la variation géographique du français parlé au Québec au début des années 1940», *Langues et linguistique*, Québec, n° 25, p. 413-462.

Vien, Margaret (1995-1996), «Le français quotidien», *Le Quotidien*, Chicoutimi, 26 décembre 1995 – 11 novembre 1996 (46 chroniques).

Attitudes, préjugés et opinions sur la langue

MARTY LAFOREST
Université du Québec à Trois-Rivières

S'il est un sujet qui passionne tout le monde, partout, c'est bien la langue. On s'intéresse aux mots et aux expressions, à leur origine et à leur sens, on a son idée sur la richesse du vocabulaire des uns et des autres et sur la manière dont tout un chacun s'exprime ou devrait s'exprimer. On trouve l'italien chantant et l'allemand dur, on estime que les lecteurs de nouvelles de Radio-Canada parlent bien et que les jeunes parlent mal.

Ces discours se ramènent plus ou moins à un classement entre les beaux parlers et les moins beaux, entre le bien et le mal parler, avec tout ce que cela peut impliquer d'envie, de mépris, d'admiration ou de haine, car la langue est indissociablement liée à l'identité, donc au rapport à soi et aux autres, et aux sentiments qui nous animent envers les uns et les autres. Jusqu'à quel point et sur quoi les opinions sur la langue sont-elles fondées ? Comment faire pour déterminer leur valeur ? Que révèlent-elles ?

Variation et variétés de langue

Parler d'opinions, c'est parler d'attitudes, de jugements portés sur une langue ou sur une variété de langue. Si on trouve que certaines façons de parler sont plus ou moins belles, précises, élégantes, chantantes, etc., c'est qu'il existe des variations importantes dans le parler des individus. Parler des attitudes, c'est donc évoquer la variation des usages. Toute langue se présente en plusieurs variétés. C'est pourquoi il est un peu abusif de parler DU français ; le français qualifié d'« international » est en quelque sorte une fiction, alimentée par la relative stabilité de la langue écrite. Dans la réalité de la parole, il n'y a pas un, mais des français, comme il y a des espagnols et des japonais. Ces diverses variétés d'une même langue témoignent du fait qu'aucune langue vivante n'est immuable ; au contraire, les langues bougent, changent imperceptiblement, mais de manière continue et sur plusieurs plans.

Sur le plan temporel d'abord. Le lecteur moyen peut encore lire le français de Molière (XVIIe siècle) – qui présente déjà des différences notables avec le français contemporain –, mais plus difficilement celui de Rabelais (XVIe siècle) et pas du tout celui de Chrétien de Troyes (XIIe siècle). Toutes les langues du monde connaissent cette évolution, dont le rythme varie en fonction de divers facteurs : brassages des populations, conjonctures politiques, etc. Comme chacun le sait, le français vient du latin et, avant qu'on s'acharne à défendre sa pureté, il fut longtemps considéré comme du latin mal parlé, ce qui devrait déjà nous amener à réfléchir sur l'idée d'une valeur absolue en matière de langue.

On a généralement tendance à percevoir le changement comme une dégénérescence. Il n'y a rien là de très surprenant, le passé se chargeant, en cette matière comme en bien d'autres, de toutes nos nostalgies. En ce qui concerne la langue parlée, ce qu'on juge dégénérescent est cependant très souvent attribuable à la conservation de traits anciens aujourd'hui sortis de l'usage, ce qui est tout de même étonnant. Un énoncé comme *Il a faulu que j'alle charcher les couvartes*[1] pourrait être brandi comme l'exemple même de l'appauvrissement de notre langue par les défenseurs de la pureté linguistique, alors qu'il illustre ce français d'avant la Conquête que l'on semble par ailleurs tant regretter.

La langue est également soumise à la variation dans l'espace : l'expansion géographique, conjuguée au temps, contribue à la différenciation progressive de diverses variétés d'une même langue. Encore là, plusieurs facteurs influencent cette différenciation, dont le contact éventuel avec d'autres langues, le poids démographique et économique des communautés en présence, etc. Le français et l'anglais sont deux langues qui ont énormément changé depuis le Moyen Âge et qui changent encore beaucoup, notamment parce qu'elles ont été exportées un peu partout à travers le monde par suite de la colonisation ; leur implantation sur de nouveaux territoires impliquait forcément qu'elles évoluent différemment sur chacun d'eux. On compte par conséquent, pour de telles langues, plusieurs variétés nationales qui peuvent être assez différentes (l'anglais américain, australien, britannique, etc. ; le portugais du Portugal et du Brésil ; le français de France, du Québec, de la Suisse, etc.), et pour chaque variété nationale, plusieurs variétés régionales (le français du Midi de la France et celui de la région parisienne, le français de Charlevoix et celui de Montréal, etc.).

---

1. Exemple emprunté à Robert Vézina, cité dans Laforest et autres (1997 : 29).

Ces différentes variétés ne sont pas toutes jugées d'égale valeur. On considère généralement les variétés métropolitaines comme plus prestigieuses que les autres, à moins qu'une ancienne colonie n'ait acquis un pouvoir économique, politique ou culturel plus grand que celui de la métropole. C'est ce qui explique que la variété parisienne de français soit aujourd'hui mieux cotée que la variété québécoise, alors que la variété brésilienne de portugais jouit d'un prestige plus grand que la variété parlée au Portugal. En outre, on considère souvent les accents des campagnes comme étant plus charmants (avec tout ce que ce qualificatif peut comporter de condescendance dans certains cas) que ceux des villes. L'accent de Charlevoix enchante l'oreille, celui de Montréal l'écorche.

La variation sociale est également importante dans toutes les langues. L'appartenance à une classe sociale donnée se manifeste entre autres choses par une façon particulière de s'exprimer. Là encore, les jugements sont convergents d'une société à l'autre : on parle toujours plus mal au bas qu'au haut de l'échelle sociale.

Enfin, il ne faut pas oublier la variation linguistique reliée à la situation de communication. Quelle que soit la langue qu'on utilise, on ne la parle pas de la même façon devant un auditoire et devant une bière avec les copains. On n'emploie pas non plus le même langage au travail avec son patron et à la maison avec son amoureux. Bien qu'il existe de toute évidence des individus plus rompus que d'autres à certains usages, aucun locuteur ne s'exprime de la même façon dans tous les contextes. On sait quelle variété convient dans chaque situation ; celui qui ne s'y tient pas s'expose à certains risques, et cela vaut autant pour un premier ministre qui parle comme un homme du peuple que pour un universitaire qui ne laisse pas sa langue de prof au vestiaire un soir de party de Noël en famille.

La variation est donc un phénomène inhérent à toute langue, la preuve même de sa vitalité. Et partout les diverses variétés d'une même langue sont hiérarchisées, font l'objet de jugements plus ou moins favorables, que les enfants intériorisent et reproduisent très tôt.

Une hiérarchisation purement sociale

L'opinion populaire voit dans la langue elle-même le motif des jugements dont celle-ci fait l'objet ; on dira, par exemple, que le français a été longtemps la langue de la diplomatie, parce qu'il est plus précis et plus nuancé que d'autres langues, et que l'anglais est la langue des affaires parce qu'il est plus simple et plus pratique. Le linguiste, au contraire, soutient que la valeur accordée aux différentes variétés linguistiques est purement sociale et qu'elle ne tient pas du tout à leurs caractéristiques intrinsèques. Cette position lui vaut d'ailleurs souvent d'être taxé de marxiste attardé, voire de dangereux relativiste. Un certain nombre de faits permettent pourtant d'argumenter en sa faveur.

L'examen attentif des jugements portés sur la langue montre d'abord la grande constance et la remarquable homogénéité de la hiérarchisation des différentes langues et variétés d'une même langue au sein d'une communauté donnée. Tous les membres d'une communauté linguistique, quels qu'ils soient, partagent les mêmes normes et les mêmes attitudes. En outre, les valeurs des différentes variétés d'une même langue – et cela est particulièrement vrai pour les variations liées à l'appartenance de classe – ne peuvent être hiérarchisées que par un locuteur natif. Un Québécois sera donc incapable d'identifier la variété stigmatisée dans le français de France ou dans celui de la Belgique ; de même, la charge de transgression d'un juron n'est perceptible que pour un membre de la communauté dans laquelle ce juron est utilisé. Si la valeur accordée à une variété reposait sur ses caractéristiques intrinsèques, un Québécois pourrait hiérarchiser les variétés belges au même titre qu'un Belge. Sans cadre de référence social ou symbolique, la hiérarchisation n'est tout simplement pas possible.

Le fait qu'on observe dans l'histoire des renversements complets de la valeur associée à telle ou telle forme linguistique milite également en faveur de la thèse du jugement social. Ainsi la valeur du *r* roulé en français montréalais a radicalement changé depuis la fin des années 1940 (*cf.* Cedergren, 1985). Cette prononciation, qui est aujourd'hui associée à la classe populaire, était pourtant valorisée au début du siècle et elle constituait un indicateur d'appartenance à l'élite : c'était le *currré* et le *notairrre*, qui *rrroulaient* les *rrr*. La valeur du *r* américain a elle aussi été l'objet d'un changement analogue. Aux États-Unis, pendant la première moitié du XXe siècle, on parlait bien quand on ne prononçait pas le *r* final d'un mot (comme dans *car*), à l'instar des Britanniques. La prononciation du *r* dans cette position était considérée comme inélégante et choquait les oreilles sensibles ; or, c'est exactement le contraire de nos jours (*cf.* Labov, 1976 : 94-126). Pour rester dans la langue de Shakespeare, la double négation (*I can't get no satisfaction*, par exemple), qui correspondait à un usage soigné à l'époque de Chaucer (XIVe siècle), est aujourd'hui considérée par les puristes anglophones comme un sommet de dégénérescence et comme la preuve irréfutable du manque de logique des parlers populaires (puisque sur le plan logique, les deux négations s'annulent)[2].

Ces exemples, auxquels on pourrait en ajouter bien d'autres, illustrent tous la relativité de la valeur accordée à tel ou tel fait linguistique, qu'on le considère comme logique ou illogique, élégant ou grossier, précis ou imprécis, etc. Si une forme linguistique était effectivement en elle-même plus précise, plus claire ou plus élégante qu'une autre, sa valeur ne changerait pas avec le temps. Puisque *la fille que je te parle* était considéré comme un énoncé parfaitement correct à une certaine époque, on voit mal en quoi *la fille dont je te parle* pourrait être intrinsèquement meilleur. La forme *dont*, qui correspond aujourd'hui aux prescriptions du bon usage, illustre tout simplement le résultat de l'évolution du système des relatifs en français, qui n'a commencé à se fixer dans son état actuel qu'au XVIIe siècle, avec de nombreuses formes différentes selon leur fonction et la nature de l'antécédent (*qui, que, dont, auquel*, etc.). Tous les mots, tous les tours syntaxiques, toutes les prononciations résultent d'un héritage historique précis et, à ce titre, ils sont tous également dignes d'intérêt sur le plan linguistique. La fluctuation de l'estime dont ils jouissent ne tient pas aux formes elles-mêmes. Il est tout de même curieux que *la fille que je te parle*, qui constitue un témoin de notre passé bien aussi respectable que les bouts de céramique et autres pointes de flèche déterrés par les archéologues – dont nous faisons grand cas –, soit à ce point méprisé de nos jours. Pourquoi faudrait-il à tout prix s'en débarrasser comme d'une maladie honteuse ?

Enfin, la grande convergence des jugements d'une communauté à l'autre, évoquée plus haut, met bien en évidence la confusion de l'échelle des valeurs sociales et linguistiques. Dans toutes les communautés, la variété linguistique prestigieuse (celle qui est évaluée positivement) est la langue des élites, des groupes influents et puissants sur les plans culturel, économique et politique. Inversement, la langue du peuple est toujours évaluée négativement ; elle est considérée comme grossière et inapte à l'expression de tout ce qui ne touche pas au quotidien le plus concret. Vaugelas établit d'ailleurs explicitement ce lien entre langue et classe sociale lorsqu'il définit le bon usage comme «la façon de parler de la plus saine partie de la cour, conformément à la façon d'écrire de la plus saine partie des auteurs de [son] temps» (Vaugelas, 1647 : 17). En fait, il serait plus juste de dire que la variété de langue qu'utilise le groupe le plus influent s'impose comme standard à

---

2. Exemple tiré de Pinker (1999 : 375).

l'ensemble des locuteurs de cette langue ; c'est la raison pour laquelle le parler des ouvriers ou des paysans n'a aucune chance de s'imposer. À l'échelle internationale, la domination d'une langue sur de très vastes territoires procède de la même logique. Le cas de l'anglais, devenu la langue seconde d'une bonne partie de la planète (tout comme, dans une moindre mesure, le latin à une autre époque) en est un bon exemple.

Les jugements sur la langue, qui sont généralement motivés par des considérations de nature esthétique ou logique, reposent donc bel et bien, en réalité, sur la position sociale des locuteurs et sur les relations qu'entretiennent les différentes communautés linguistiques. En jugeant les langues, on juge les individus qui les parlent, ce qui est bien mis en évidence par le journaliste François Cavanna (fils d'un immigrant italien), dans la citation suivante, extraite de son autobiographie *Les Ritals* et citée en exergue dans l'ouvrage que Dominique Lafontaine (1986) a consacré aux normes et aux attitudes linguistiques :

> J'aurais tant voulu parler le *dialetto* ! C'est pas tellement joli, c'est lourdingue et gnangnan, un peu comme le morvandiau de mon grand-père Charvin, le père de maman. Je trouve que les patois ont tous l'air de marcher dans de la glaise collante avec de gros sabots. (Cavanna, 1978 : 53)

En retour, il est évident que la langue contribue à asseoir l'identité sociale des personnes qui expriment telle ou telle attitude à son égard. Se montrer zélé dans la chasse aux anglicismes permet de se classer comme appartenant à tel groupe social, tout comme le port d'un vêtement ou l'expression d'une préférence musicale.

La recherche sur les attitudes : un domaine en soi

Bien que, d'un point de vue scientifique, les jugements portés sur la langue ne reposent sur aucun argument solide, certains linguistes s'y intéressent beaucoup. Ce n'est pas tout de comprendre la structure interne d'un système linguistique ; encore faut-il, pour avoir une vision complète des phénomènes langagiers, saisir les rapports qu'entretiennent les locuteurs avec ce système. L'étude des attitudes manifestées envers la langue est importante à double titre. D'une part, elle permet de comprendre la dynamique des langues et des variétés d'une même langue parlées sur un territoire donné, qui est toujours complexe ; cette compréhension constitue un préalable nécessaire à toute opération d'aménagement linguistique. D'autre part, sur un plan plus fondamental, il y a tout lieu de penser que les attitudes, mises en rapport avec les pratiques langagières, ont un rôle à jouer dans le processus de l'évolution linguistique. Étudier les attitudes permet de contribuer à la formulation des lois générales gouvernant le changement.

De telles études reposent sur la mise en évidence des perceptions d'un grand nombre de locuteurs. Le simple sondage est pour cela inapproprié. On sait qu'en répondant à des questions sur un sujet de ce genre, on donne une certaine image de soi qu'il est très tentant de «rectifier» plus ou moins consciemment. Aux questions directes, les informateurs ne donnent souvent que les réponses qu'ils croient être les bonnes, celles qui correspondent aux normes auxquelles il croient devoir se conformer.

C'est pourquoi la méthode la plus utilisée pour étudier les attitudes est le test du locuteur masqué ou faux couple (*matched guise*) (*cf.* Moreau, éd., 1997 : 202-203). Ce test consiste à présenter à un certain nombre de sujets deux lectures d'un même texte produit alternativement dans des langues différentes ou des variétés d'une même langue. Les sujets doivent évaluer le lecteur de chaque version du texte en lui attribuant une position sur une échelle qualitative, allant par exemple de «non intelligent» à «très intelligent», de «antipathique» à «sympathique», etc. Certaines de ces échelles sont liées au statut social, d'autres à la personnalité. Des questions d'un autre type peuvent aussi être posées, par exemple : «Pensez-vous que cette personne peut être lecteur de nouvelles à la télévision? réceptionniste? agriculteur?». L'appellation de locuteur masqué vient du fait que les textes ne sont pas lus par des personnes différentes (comme on le fait croire aux sujets) mais par un seul et même individu. Puisque ni les paroles prononcées ni le locuteur ne changent, c'est nécessairement sur la langue employée que sont fondés les jugements des sujets.

Cette méthode a été mise au point à Montréal par un psychologue social, Wallace Lambert, au début des années 1960 (*cf.* Lambert et autres, 1960). Elle a été depuis utilisée à de nombreuses reprises et en des lieux variés, raffinée au fil des recherches, jusqu'à devenir la méthodologie classique en cette matière.

Les résultats de ces tests montrent que nous avons tendance à associer des attitudes ou des traits de caractère aux différentes variétés linguistiques : une langue ou une variété d'une même langue sera dite prestigieuse si le locuteur qui l'utilise est jugé positivement par les sujets (on le trouve intelligent, sérieux, fin, compétent, etc.) ; à l'inverse, une variété sera dite stigmatisée si le locuteur est jugé négativement.

En recourant à cette technique, Lambert et autres (1966) ont mis en évidence les attitudes des anglophones et des francophones montréalais envers l'anglais et le français. À cette époque, antérieure à l'adoption de la loi 101, l'anglais était la langue dominante et les anglophones constituaient l'élite de la société. On aurait pu s'attendre à ce que chaque groupe linguistique évalue favorablement sa langue. De fait, les résultats montrent que les sujets anglophones considéraient le français comme une langue inférieure à l'anglais. Mais, curieusement, les sujets francophones faisaient une évaluation très semblable, et entretenaient même une image encore plus négative du français que les anglophones. Ce résultat inattendu montre à quel point les valeurs associées aux différentes langues ou variétés d'une même langue parlées sur un territoire donné sont partagées par l'ensemble des habitants de ce territoire, quelle que soit la langue ou la variété de langue qu'ils utilisent le plus souvent.

Pour ce qui est du français parlé au Québec, Lambert et ses collaborateurs ont montré que plus une variété se rapproche du français européen (ou de ce qu'on appelle communément le français «international», ou LE français), plus le locuteur qui l'utilise est évalué positivement; inversement, plus la variété testée se rapproche de celle qu'utilisent les locuteurs de la classe populaire, plus le locuteur est évalué négativement.

De même, une autre étude, menée à Liège par Dominique Lafontaine (1986), a montré que l'accent belge était considéré par les Liégeois eux-mêmes comme moins intéressant que l'accent français.

Les jugements sur la langue mis en évidence par les tests à locuteur masqué sont donc révélateurs, jusqu'à un certain point, de «l'estime collective de soi». À partir de là, il peut être utile de réfléchir à la signification de la conception négative qu'ont les Québécois de leur langue.

Partout où l'on a mené des études sur les attitudes, on observe une grande convergence des résultats d'une communauté à l'autre ou d'un terrain de recherche à l'autre. Outre la grande homogénéité des jugements, toutes ces recherches font d'une part apparaître un étonnant phénomène d'autodépréciation: les locuteurs qui utilisent une variété de langue peu prestigieuse en ont une image négative, souvent plus négative encore que l'image qu'en ont les locuteurs s'exprimant dans la variété valorisée. Cette autodépréciation est constitutive d'un sentiment d'insécurité linguistique. Le concept d'insécurité linguistique, mis de l'avant par le sociolinguiste William Labov (1976: 189-211), rend compte de la discordance souvent observée, notamment chez les membres de la petite bourgeoisie, entre la manière dont ils parlent et la manière dont ils disent parler; ces locuteurs surévaluent le nombre de formes prestigieuses qu'ils produisent. Un tel écart entre les usages linguistiques (qu'il s'agisse de la prononciation, du lexique, de la syntaxe, etc.) et l'auto-évaluation qu'on en fait est la manifestation d'une aspiration à la légitimité linguistique et au statut social qui y est associé. Cette aspiration suppose une hypersensibilité à la norme et un souci conscient de correction qui, jusqu'à un certain point, dépossède les locuteurs de leur langue (ou plus exactement de leur aisance langagière). Dans les situations formelles, ces locuteurs perdront en effet tous leurs moyens à chercher les mots et les tournures qu'ils souhaiteraient employer plutôt que d'utiliser ceux qu'ils ont à leur disposition (mais qu'ils jugent « indignes »).

D'autre part, les études sur les attitudes mettent parallèlement en évidence l'existence d'une norme de prestige latent amenant les locuteurs à associer aux variétés non prestigieuses des valeurs d'ordre affectif (chaleur, solidarité, humour, douceur, sympathie, etc.). Ces valeurs « humaines » compensent d'une certaine façon le déficit en valeurs sociales (compétence, élégance, statut élevé), plutôt associées aux variétés prestigieuses.

Quand les attitudes et les pratiques se contredisent

Si tout le monde s'accorde pour condamner telle variété de langue ou tel usage, si même les utilisateurs de *moé* reconnaissent qu'il vaudrait mieux dire *moi*, comment expliquer que *moé* continue à se faire entendre? En d'autres termes, pourquoi une pratique linguistique se maintient-elle en dépit de l'évaluation négative dont elle fait l'objet? Il s'agit là d'une question qui passionne les sociolinguistes.

La réponse réside dans le prestige latent: on trouve que les Français parlent bien, mais on n'aimerait pas parler comme eux, parce que ce serait considéré comme arrogant par les pairs. Les qualités qu'on associe dans les tests à locuteur masqué aux variétés de langue stigmatisées (solidarité, gentillesse, humour, etc.) sont celles que l'on prête à ses proches, aux membres de la famille ou du clan: parler autrement, c'est trahir le clan, c'est se prendre pour qui on n'est pas. Voilà pourquoi les formes prestigieuses, même si elles sont connues, ne sont pas utilisées par tous les locuteurs, qui peuvent leur préférer des formes évaluées négativement, mais qui reflètent un plus grand sentiment d'appartenance.

Cette donnée fondamentale est souvent oubliée dans la réflexion sur l'échec scolaire. L'école a pour mission de donner accès à la langue standard. Mais la norme de prestige latent peut entraver l'apprentissage: les enfants perçoivent très tôt les différentes valeurs associées à telle ou telle variété et ils savent plus ou moins consciemment qu'un parler différent peut entraîner une réaction de rejet. Lorsque les valeurs véhiculées à l'école diffèrent trop de celles qu'on transmet à la maison, une rupture est parfois inévitable. Les conséquences d'une rupture avec l'école sont connues ; on pense beaucoup plus rarement aux conséquences d'une rupture avec le milieu familial, souvent vécue comme une trahison. Dans des registres différents, la romancière française Annie Ernaux (notamment dans *Les armoires vides*, 1984) et le sociologue québécois Fernand Dumont ont tous deux montré le déchirement qu'implique, pour tout individu d'origine modeste, l'ascension sociale que permettent l'instruction et la maîtrise de la langue de prestige. Le titre de l'autobiographie intellectuelle de Dumont – *Récit d'une émigration*, 1997 – est à cet égard très révélateur. Or, tout le monde n'a pas une personnalité d'émigrant. Le bénéfice social retiré de l'usage de la variété prestigieuse n'est pas toujours perçu ou considéré comme suffisamment important pour contrebalancer l'effet d'un éventuel rejet de la part du groupe, qui place l'individu dans une position de déséquilibre identitaire. Le « parler comme nous autres » reste donc important dans la pratique et c'est pourquoi attitudes et usages divergent jusqu'à un certain point.

Les attitudes sur la langue en disent long sur notre vision de notre communauté linguistique et de sa fragmentation en sous-groupes. Mieux connaître sa langue, ce n'est pas seulement, comme on le croit souvent, connaître l'origine des mots et des expressions, ou maîtriser les règles d'accord des participes passés ; c'est aussi reconnaître la nature sociale, et non esthétique ou logique, des jugements que l'on porte continuellement sur elle. Contrairement à ce qu'on pense parfois, cette reconnaissance ne va pas de pair avec une position laxiste sur l'enseignement de la langue standard. Celle-ci se confond avec la langue écrite, qui est la langue des livres et donc de la connaissance. Or la langue écrite, comme le disait Jean-Paul Sartre, n'est la langue maternelle de personne ; on doit nécessairement l'apprendre. Le seul avantage de la langue standard sur les autres variétés est, justement, d'être standard. À ce titre, comme tous les standards, elle facilite les échanges dans un monde d'une infinie diversité. Et il s'agit là d'une raison suffisante pour justifier son enseignement. Une perception plus juste de la nature des attitudes et des opinions entretenues sur la langue permet, me semble-t-il, d'aborder avec plus de sérénité l'enseignement de la variété prestigieuse de notre langue, qui s'accompagne trop souvent de terribles et inutiles jugements portés sur les locuteurs qui ne la maîtrisent pas. Il est plus que temps que les gardiens de la langue standard – enseignants, journalistes, réviseurs, etc. – prennent en compte la réalité des faits linguistiques et remettent à sa juste place ce qu'ils tentent de transmettre. Tout être humain dispose du langage et maîtrise à l'âge de trois ans l'essentiel du système linguistique utilisé dans son milieu, sans aucun apprentissage formel ; cette langue, qui est toujours, quoi qu'on en pense, d'une extrême complexité, permet de répondre à tous les besoins de communication. L'école ne donne donc pas une langue à ceux qui n'en auraient pas. Elle donne un code qui permet de lire le monde, la clé de la mémoire de l'humanité consignée dans les livres et, par là, elle dote l'élève d'un puissant instrument d'émancipation et de promotion sociale. Savoir et faire savoir que ce code n'est pas LA langue redonne leur dignité aux parlers populaires – qui en ont bien besoin – et ne diminue en rien l'importance de son enseignement.

Références

CAVANNA, François (1978), *Les Ritals*, Paris, P. Belfond, 277 p.

CEDERGREN, Henrietta J. (1985), «Une histoire d'R», dans Monique Lemieux et Henrietta J. Cedergren, *Les tendances dynamiques du français parlé à Montréal*, tome 1, [Québec], Gouvernement du Québec – Office de la langue française («Langues et sociétés»), p. 25-56.

DUMONT, Fernand (1997), *Récit d'une émigration. Mémoires*, Montréal, Boréal, 268 p.

ERNAUX, Annie (1984), *Les armoires vides*, Paris, Gallimard («Folio, 1600»), 181 p.

LABOV, William (1976), *Sociolinguistique*, Paris, Les Éditions de Minuit («Le sens commun»), 458 p.

LAFONTAINE, Dominique (1986), *Le parti pris des mots. Normes et attitudes linguistiques*, Bruxelles, Pierre Mardaga («Psychologie et sciences humaines, 156»), 163 p.

LAFOREST, Marty, en collaboration avec Claudine CAOUETTE, Jean-François DROLET, Sophie MARAIS, Lucie MÉNARD, Marise OUELLET, Benoît TARDIF, Linda THIBAULT, Robert VÉZINA et Diane VINCENT (1997), *États d'âme, états de langue. Essai sur le français parlé au Québec*, Québec, Nuit Blanche, 140 p.

LAMBERT, Wallace E., Hannah FRANCKEL et G. Richard TUCKER (1966), «Judging personality through speech: a French-Canadian example», *The Journal of Communication*, Philadelphie, vol. 16, p. 305-321.

LAMBERT, Wallace E., Richard HODGSON, Robert C. GARDNER et Samuel FILLENBAUM (1960), «Evaluational reactions to spoken languages», *Journal of Abnormal and Social Psychology*, Washington, vol. 60, n° 1 (janvier), p. 44-51.

MOREAU, Marie-Louise (éd.) (1997), *Sociolinguistique. Les concepts de base*, Bruxelles, Mardaga («Psychologie et sciences humaines, 218»), 312 p.

PINKER, Steven (1999), *L'instinct du langage*, Paris, Éditions Odile Jacob, 493 p.

VAUGELAS, Claude Favre de (1647), *Remarques sur la langue française, utiles à ceux qui veulent bien parler et bien écrire*, Paris, Champ Libre, 1981, 363 p. [Texte établi à partir de l'éd. originale de 1647.]

Français en usage au Québec et dictionnaires

ESTHER POISSON
Université Laval

Les dictionnaires sont reconnus comme des guides indispensables pour ceux qui sont soucieux de la qualité de leur langue. Mais connaît-on vraiment bien ces ouvrages? Est-on pleinement conscient non seulement du rôle qu'ils jouent dans l'apprentissage de la langue, mais aussi de l'image qu'ils projettent de la communauté linguistique dont ils prétendent décrire les usages? Bon nombre d'opinions ou de commentaires émis lors de la parution, il y a quelques années, de deux dictionnaires ayant comme objet de description la variété québécoise de français dans son usage actuel (DFP, 1988, et DQA, 1992) donnent à penser que certains aspects du dictionnaire gagneraient à être mieux connus (*cf.* Gagnon, 1993, Villers, 1993, Major, 1992, et Léard, 1992, par exemple).

Je me propose donc aujourd'hui de démystifier quelque peu les dictionnaires de manière à favoriser une compréhension plus juste de la place que le français en usage au Québec y occupe actuellement. Je discuterai par la suite de l'avenir de la lexicographie québécoise et j'évoquerai quelques-uns des défis qu'elle est appelée à relever.

La place que la variété québécoise de français occupe dans les dictionnaires ne saurait cependant être abordée sans que soient rappelées les grandes étapes qui ont marqué la description de ce français qu'on a d'abord qualifié de « canadien » puis de « québécois ».

Description lexicographique du français en usage au Québec[1]

La langue en Nouvelle-France n'a fait l'objet de commentaires ou de descriptions qu'à partir du milieu du XVIII siècle. Le premier à s'y être intéressé est un missionnaire jésuite d'origine belge, le père Pierre-Philippe Potier, qui a consigné plusieurs centaines de particularités lexicales (*cf.* Halford, 1994). Un demi-siècle plus tard, Jacques Viger léguera à son tour une importante liste de particularismes lexicaux dans un document rédigé en 1810 et intitulé *Néologie canadienne* (*cf.* Blais, 1998).

Ce n'est qu'à partir de la deuxième moitié du XIX siècle que commencera une véritable production lexicographique, d'abord dans des ouvrages essentiellement prescriptifs. Il s'agit d'écrits qui auront pour principal objectif de condamner les fautes, les impropriétés, les barbarismes, les locutions vicieuses, etc. du français en usage au Canada. Thomas Maguire (1841) inaugurera ce courant marqué notamment par la chasse aux anglicismes.

À la fin du XIX siècle et au début du XX, pour se défendre de parler un français vieilli ou un patois, on voudra également purger la langue des archaïsmes ou dialectalismes, c'est-à-dire des usages anciens ou régionaux apportés de France aux XVII et XVIII siècles, mais ne figurant pas ou plus dans les dictionnaires français de l'époque, lesquels constituaient déjà ce qu'on pourrait appeler le « français de référence ». Cette entreprise de rectification langagière se poursuivra tout au long du XX siècle et elle prendra diverses formes : manuels de bon langage (*cf.* Blanchard, 1914), feuillets correctifs à l'intention des élèves (*cf.* Société du parler français au Canada, 1930-1945), chroniques dans les journaux (*cf.* Clas, dir., 1975-1976), etc.

Le XX siècle sera également marqué par la parution d'ouvrages qui feront date dans notre histoire linguistique : le *Glossaire du parler français au Canada* (GPFC, 1930) ; le *Dictionnaire général de la langue française au Canada* de Louis-Alexandre Bélisle (1957) ; les fameux *Canadianismes de bon aloi*, cette soixantaine de québécismes pour lesquels l'Office de la langue française (1969) avait donné son aval et qui furent par la suite insérés dans tous les dictionnaires qui se montraient ouverts à l'inclusion de québécismes mais bien prudents quant à leur sélection. Dans les années 1970, on a assisté à la mise en place du vaste projet de lexicographie historique qu'est le *Trésor de la langue française au Québec*, lancé à l'Université Laval par Marcel Juneau

---

1. Sur toute cette question, *cf.* Juneau (1977 : 14-55), Poirier (1986 et 1988), ainsi que Cormier et Francœur (2002).

et aujourd'hui dirigé par Claude Poirier, qui a d'abord débouché sur un volume de présentation (DFQ, 1985) puis sur un volume regroupant quelques centaines d'articles, plus précisément de monographies de québécismes (DHFQ, 1998). Il y a eu encore la publication du *Dictionnaire du français plus* (DFP, 1988), suivie de celle du *Dictionnaire québécois d'aujourd'hui* (DQA, 1992). Enfin, il faut aussi souligner que, depuis la fin des années 1970, les dictionnaires faits en France intègrent à leur nomenclature un certain nombre d'emplois caractéristiques du français du Québec : le *Petit Larousse* (PLarousse) en contenait déjà dans son édition de 1969, le *Petit Robert* (PRobert), depuis 1977, le *Trésor de la langue française* (TLF), le *Grand Robert* (Robert), depuis 1985, etc.

On a l'habitude de classer ces ouvrages selon l'approche adoptée, qui est tantôt différentielle, tantôt générale ou globale.

Approche différentielle

Cette approche consiste à ne relever que des différences, c'est-à-dire que des emplois que ne connaît pas, ou plus, le français de France. Les ouvrages de ce type sont très nombreux (Maguire, 1841, Dunn, 1880, Clapin, 1894, Dionne, 1909, GPFC, 1930, Bergeron, 1980, DHFQ, 1998, DQF, 1999, etc.).

Approche générale ou globale

Ce sont des ouvrages dans lesquels le français usité au Québec est décrit dans sa globalité et non plus seulement dans sa spécificité. Dans cette approche, on peut distinguer trois types de productions : des ouvrages conçus ou adaptés pour les Québécois ; des ouvrages conçus d'abord pour les Français ; des ouvrages conçus pour l'ensemble de la francophonie.

Ouvrages conçus ou adaptés pour les Québécois

Il s'agit essentiellement d'ouvrages élaborés à partir de dictionnaires du français de France. En fait, on « québécise » l'ouvrage en y ajoutant des mots et des sens québécois. Le premier à avoir osé proposer un tel produit est Louis-Alexandre Bélisle (1957), avec son *Dictionnaire général de la langue française au Canada*, élaboré à partir de l'abrégé qu'Amédée Beaujean avait fait du dictionnaire de Littré à la fin du xixᵉ siècle et qui était donc déjà quelque peu vieilli. Dans les années 1980 paraîtront, pour les jeunes, les éditions canadiennes du *Maxi débutants* et du *Mini débutants* de la maison Larousse, ainsi que le *Dictionnaire CEC Jeunesse*, adapté d'un ouvrage de la maison Hachette ; pour le grand public, rappelons la parution du *Diction-*

naire du français plus (DFP), également à partir d'un dictionnaire Hachette, puis celle du *Dictionnaire québécois d'aujourd'hui* (DQA), version québécoise du *Dictionnaire d'aujourd'hui* (RDA) de la maison Robert.

Ouvrages conçus d'abord pour les Français

Le premier à avoir intégré des mots du Canada à sa nomenclature a été le *Dictionnaire des dictionnaires* de Paul Guérin à la fin du XIXᵉ siècle ; en effet, le *Supplément* contient environ 300 emplois québécois relatifs au mode de vie nord-américain (faune et flore, habitat, institutions). Les grands dictionnaires comme le TLF ou le Robert contiennent également un bon nombre de québécismes. Dans la série des dictionnaires usuels, les «canadianismes», comme on les appelait alors, ont été consignés sous la forme d'une liste en annexe du *Dictionnaire du français vivant* (DFV ; 230 canadianismes dans l'édition de 1972, 380 dans celle de 1975), mais la tendance générale fut de les inclure dans la nomenclature comme l'a fait le PRobert dès 1977, et comme le faisait déjà le PLarousse depuis 1969. Dans ces dictionnaires, le nombre de québécismes est nécessairement limité (quelques centaines) et ceux-ci font pendant aux emplois des autres communautés «périphériques» que sont la Belgique et la Suisse, la France restant au cœur de la description. Les québécismes, comme les belgicismes ou les helvétismes, sont alors identifiés comme tels, souvent au moyen de la marque *région.* (pour *régional*) suivie, entre parenthèses, de Canada, Québec, Belgique, ou Suisse. Mis à part le caractère discutable de l'étiquette de *régional* pour qualifier des emplois québécois, belges ou suisses, cette façon d'identifier les québécismes n'est pas constante. Voici quelques exemples de québécismes tirés de la version électronique du *Petit Robert* (PR-CD), dont je commenterai par ailleurs le traitement au passage[2] :

> **tire** [tiʀ] n. f. • 1810 ; de tirer ♦ (Canada) Sirop* d'érable très épaissi, ayant la consistance du miel. *Du sirop qui «devenait une belle tire odorante et couleur de miel»* (G. Roy). – Confiserie à la mélasse ou au sirop d'érable.

> ☞ Il faut noter qu'il n'y a pas de renvoi à *kiss* ou à *papillote* (ce dernier mot figure à la nomenclature, mais n'a pas le sens qu'on lui donne au Québec). Pas de trace non plus de l'expression *tire de la Sainte-Catherine*, qu'un Québécois s'attendrait à trouver pour illustrer le sens de «confiserie».

---

2. Mes commentaires suivront chacun des exemples et ils seront annoncés par un doigt pointeur (☞).

magasiner [magazine] v. intr. • 1894; mot canadien, de *magasin*, d'apr. l'angl. *to shop*; cf. *bouquiner* ♦ Région. (Canada) Aller faire des achats dans les magasins (*cf. Faire des courses*). *« Elle passait des heures autour des comptoirs, à "magasiner"»* (Ringuet).

☞ Faut-il vraiment invoquer une influence de l'anglais *to shop* pour expliquer ce verbe? Pourquoi ne s'agirait-il pas simplement d'un dérivé de *magasin*, de la même manière que *bouquiner* dérive de *bouquin* ou que *voisiner* dérive de *voisin*, sans influence de l'anglais? Autre remarque sur le traitement de ce québécisme: dans l'exemple cité, le mot n'a pas le sens de «faire des achats» mais celui de «regarder en vue d'acheter»; on aurait dû par conséquent renvoyer à *faire du shopping* et non à *faire des courses*.

pitonner [pitɔne] v. intr. [...] ♦ Région. (Canada) Tapoter sur des touches. ⇒ *pianoter*. – Spécialt Actionner les touches d'une télécommande de télévision. ⇒ *zapper*.

☞ Pour mieux rendre compte de l'usage québécois, cet emploi aurait dû être donné comme familier. On note également que le nom *piton*, duquel dérive le verbe, n'est pas consigné dans son sens québécois.

tourtière [tuʀtjɛʀ] n. f. [...] 2 ♦ (1836) Région. (Canada) Tourte à base de porc.

☞ Le québécisme est défini par un mot (*tourte*) plutôt inusité au Québec.

chicaner [ʃikane] v. [...] 4 ♦ Région. (Québec) Ennuyer*, tracasser.

☞ Contrairement à ce qui est affirmé, le verbe *chicaner* n'a pas ce sens au Québec; par contre, la définition proposée conviendrait bien pour définir le québécisme *chicoter*.

Ouvrages conçus pour l'ensemble de la francophonie

Il s'agit là d'un nouveau créneau pour le marché des dictionnaires. Le *Dictionnaire universel francophone* (DUF, 1997) constitue un premier pas dans ce sens, mais il est encore loin de répondre aux besoins de toutes les communautés francophones. Une autre initiative intéressante et prometteuse est la *Banque de données lexicographiques panfrancophones* (BDLP). Cette banque, consultable sur le web[3], contient des emplois propres à chacune des communautés linguistiques de la francophonie.

---

3. www.tlfq.ulaval.ca/bdlp/bdlp-inter.htm

Description et prescription : est-il possible de concilier les deux ?

On distingue traditionnellement deux types d'ouvrages, qu'il s'agisse d'ouvrages différentiels ou généraux : ceux dont la préoccupation est essentiellement prescriptive, et ceux qui mettent l'accent sur la description de l'usage.

Les ouvrages essentiellement prescriptifs sont des publications dont l'objectif premier est de corriger, ou tout au moins, d'orienter l'usage. Les ouvrages de Maguire (1841), de Manseau (1881), de Dagenais (1967), de Colpron (1970) et de Marie-Éva de Villers (1988), pour n'en nommer que quelques-uns, relèvent de cette orientation.

Les ouvrages essentiellement descriptifs sont des répertoires dont le but premier n'est pas de corriger ou de condamner, ce qui ne signifie pas que les préoccupations prescriptives en soient complètement absentes. On classe généralement dans cette catégorie les ouvrages de Dunn (1880), de Clapin (1894) et de Dionne (1909), le GPFC (1930), le dictionnaire de Bélisle (1957), le DFP (1988), le DQA (1992) et le DHFQ (1998).

Avant de voir s'il est possible de concilier, dans un même ouvrage, des préoccupations prescriptive et descriptive, il est important de comprendre ce que recouvre la notion de « norme ».

Qu'est-ce la « norme » ?

Deux emplois du terme peuvent être dégagés. On peut le comprendre comme l'équivalent de *standard* (ou de *bon usage*) au sein d'une communauté linguistique. C'est ce que nous appellerons la norme au sens étroit. Mais la norme peut aussi représenter quelque chose de plus abstrait, de plus large, un « système d'instructions définissant ce qui doit être choisi parmi les usages d'une langue donnée si l'on veut se conformer à un certain idéal esthétique ou socioculturel » (Dubois et autres, 1994, sous *norme*). Autrement dit, on peut dire qu'il existe une norme du français au Québec dans la mesure où on peut attribuer des valeurs aux emplois en usage dans la communauté et que ces valeurs reflètent le sentiment linguistique des locuteurs. Et ce qui permet de rendre compte de ces valeurs, ce sont évidemment les marques d'usage ; même l'absence de marque est révélatrice, puisqu'il s'agit alors d'un emploi neutre, ou non marqué, qui relève donc de l'usage standard dans la communauté.

Ainsi, les marques d'usage rendent compte de la norme au sens large, cette hiérarchie des usages qui permet notamment à un locuteur d'adopter le code qui convient selon les situations de discours. Cette norme ne peut exister au sein d'une communauté que s'il existe un consensus autour d'un usage standard (ou d'une norme au sens plus restreint). C'est donc parce que ce standard est assez bien connu que l'on est en mesure de reconnaître ce qui s'en écarte et de donner à ces emplois les marques d'usage appropriées. La norme au sens étroit, c'est-à-dire l'usage standard ou le bon usage, doit être le cœur de tout ouvrage de type descriptif, mais si l'on veut que le dictionnaire remplisse son rôle, il ne doit pas se limiter à ce noyau et doit contenir également des emplois qui s'en écartent.

Comment dès lors concilier norme et description? En apprenant à décoder toutes les informations que fournissent les dictionnaires. Prenons par exemple le *Petit Robert* qui se veut le reflet de la norme dans son sens large en France. On trouve dans cet ouvrage de nombreux emplois qui relèvent des niveaux de langue familier, populaire, voire argotique, mais cela n'empêche pas cet ouvrage d'être considéré comme une référence pour les Français. De même que le fait d'inclure de tels emplois dans sa nomenclature n'en fait pas pour autant un ouvrage suspect ou menaçant en contexte scolaire. Et c'est là encore un point important à débattre au Québec, où l'inclusion de québécismes dans les ouvrages de référence destinés à une clientèle scolaire est souvent vue comme une menace à l'apprentissage ou à la maîtrise de la langue.

Mythe entourant le contenu des dictionnaires

Un dictionnaire devrait pouvoir décrire tous les usages qui ont cours dans une communauté linguistique. Il est bien sûr permis aux auteurs de dictionnaires de limiter leur nomenclature, de faire des choix, mais alors ces choix doivent être clairement expliqués dans la présentation ou l'introduction de l'ouvrage. Ainsi, quels critères ont présidé au choix des québécismes, jusqu'où les auteurs sont-ils allés dans l'inclusion d'emplois de la langue familière ou populaire, ou encore pourquoi ont-ils choisi d'exclure certaines catégories de mots, par exemple les sacres ou certains anglicismes. Pour la question des anglicismes notamment, même si des choix peuvent être faits, il est inconcevable de rédiger un dictionnaire québécois qui exclurait *tous* les emprunts à l'anglais, ceux-ci constituant une composante importante du français au Québec.

Quant aux québécismes de la langue familière ou populaire, le débat reste ouvert, mais l'éclairage des dictionnaires de France pourrait sans doute aider à relativiser les choses.

Certains pensent que des mots comme *pogner* ou *fun* n'ont pas leur place dans un dictionnaire. Pourtant, on n'imagine pas en France un dictionnaire destiné à une clientèle scolaire qui serait «amputé» de mots de la langue familière ou populaire – que tous les élèves connaîtraient par ailleurs – sous prétexte qu'ils ne relèvent pas du bon usage. Ne devrait-on pas accepter que ces mots, dont l'usage est connu et souvent très répandu, figurent dans un dictionnaire, d'autant plus si celui-ci est destiné à l'enseignement?

C'est dans ce sens qu'il faut démystifier ce qu'est un dictionnaire. On ne peut ignorer les réticences d'une partie du public québécois à y inclure des mots comme *fun*, *pogner* ou *char*. Mais si le dictionnaire (son rôle, son contenu) était mieux expliqué aux usagers, on verrait sans doute ces réticences disparaître. Le meilleur argument serait encore une fois de faire un parallèle avec des dictionnaires à l'usage des Français. Pour ce qui est de *voiture* par exemple, le PR-CD renvoie à plusieurs autres mots qui sont synonymes et qui ne s'en distinguent souvent que par le niveau de langue auquel ils appartiennent. Ces renvois servent en fait à constituer un champ lexical tout en donnant une idée de la hiérarchie des usages dans la société française; le renvoi au québécisme *char* est évidemment d'un autre ordre; sa mention permet d'établir des liens entre les usages de France et ceux d'un autre espace francophone. On constate aussi que si les emplois familiers sont très différents des nôtres, ce qui n'est pas étonnant, même l'usage standard n'est pas tout à fait le même :

> **voiture** n. f. [...] II ◆ [...] 2 ◆ [...] Véhicule automobile. REM. *Voiture*, qui ne désigne que les automobiles non utilitaires, tend à supplanter *automobile* et *auto*. ⇒ *automobile**; fam. *bagnole*, *caisse*, région. *char*, *chignole*, *chiotte*, *tire*, *trottinette*.

> **automobile** [ɔtɔmɔbil ; otɔmɔbil] adj. et n. f. [...]2 ◆ N. f. (v. 1890; aussi masc. jusque v. 1920) Techn. ou admin. (On dit couramment *voiture*, *auto*) Véhicule routier à quatre roues (ou plus), progressant de lui-même à l'aide d'un moteur, à l'exclusion des grands véhicules utilitaires (camions) et de transport collectif (autobus, autocar). ⇒ *voiture**; *machine*, *véhicule*.

> **auto** [oto] n. f. ● 1896 ; abrév. de *automobile*, souvent masc. jusqu'en 1915-1920 ◆ Automobile. *voiture* (plus cour.).

> **bagnole** [baɲɔl] n. f. [...] Fam. 1 ◆ Mauvaise voiture. – (1907) Vieille automobile. ⇒ *tacot*. 2 ◆ Automobile. ⇒ *voiture*; fam. *caisse*, *tire*. *Une belle bagnole. On ira en bagnole. Ça, c'est de la bagnole!*

> **caisse** [kɛs] n. f. [...] 3 ◆ [...] Fam. L'auto, la voiture. ⇒ *bagnole*, *tire*. Loc. fam. *À fond la caisse*: très vite; très fort.

char [ʃaʀ] n. m. [...] 5 ♦ (anglais *car*) Région. (Canada) Fam. Automobile. *« aller en vacances à Miami, avoir le char de l'année »* (R. Ducharme).[4]

chignole [ʃiɲɔl] n. f. [...]1 ♦ Fam. Mauvaise voiture (à cheval, puis automobile). ⇒ *tacot.*

chiotte [ʃjɔt] n. f. [...] Fam. [...] 2 ♦ (1918) Voiture automobile. *Où est garée ta chiotte?*

tacot [tako] n. m. [...] ♦ Fam. Vieille voiture automobile qui n'avance pas. ⇒ *chignole, guimbarde. Un vieux tacot.*

tire [tiʀ] n. f. [...] 2 ♦ Arg. Automobile. *« Charles avait trouvé une place pour garer sa tire »* (Queneau).

trottinette [tʀɔtinɛt] n. f. [...] 2 ♦ (1933) Fam. Petite automobile. *« Tu viens de loin avec ta trottinette? »* (Fallet).

Quand on lit toutes les dénominations auxquelles le PR-CD renvoie sous le mot *voiture*, on peut s'étonner qu'au Québec des gens aient du mal à accepter un mot comme *char* dans un dictionnaire. Si j'avais à rédiger l'article *char* aujourd'hui, je le qualifierais probablement de « populaire » ou « familier ». Par « populaire », on comprend que pour les gens peu scolarisés ou issus de milieux populaires (encore qu'ici, il faudrait revoir ces marques traditionnelles qui ne rendent sans doute plus compte de la réalité sociale contemporaine), donc pour une majorité de ces locuteurs, le mot *char* est le plus usuel, celui qui leur vient spontanément à l'esprit, le mot le plus disponible. Par « familier », il faut comprendre que pour ceux qui utilisent le standard, l'emploi de *char* est un choix conscient qu'ils se permettent dans une situation informelle de discours, leur mot usuel étant plutôt *auto, automobile* ou *voiture*. Il faut donc que les marques d'usage reflètent bien la valeur que donnent les Québécois à un mot si on veut que celui-ci soit accepté dans un dictionnaire qui leur est destiné, sinon ils le rejetteront, et avec raison.

Prenons un autre exemple tiré du PR-CD, celui des mots qualifiant une personne ivre :

ivre [ivʀ] adj. [...] 1 ♦ Qui n'est pas dans son état normal, pour avoir trop bu d'alcool; qui est saisi d'ivresse. ⇒ *aviné, enivré, soûl*; fam. *beurré, blindé, bourré, brindezingue, cuit, cuité, noir, paf, pété, pinté, plein, rond, schlass*; région. *paqueté. Complètement ivre, ivre mort, ivre morte.* [...] *Légèrement, à moitié ivre.* ⇒ *éméché, gai, gris, parti, pompette.*

---

4. Dans cet emploi, *char* est toujours prononcé [ʃɔʀ], jamais [ʃaʀ].

soûl, soûle [su, sul] adj. VAR. vieilli **saoul, saoule** [...] **2** ◆ (1534) Fam. Ivre. *Il était soûl comme un cochon, comme une grive, comme un âne, comme un Polonais, comme une bourrique*, très ivre. *Fin soûl.*

paqueté, ée [pak(ə)te] adj. [...] ◆ (Canada) Trop plein, rempli à l'excès. *Autobus paqueté. Salle paquetée*, bondée. – Fig. Ivre. *Il est complètement paqueté.*[5]

Dans ce champ lexical, on se rend compte que les Québécois partagent certains mots avec les Français, que d'autres mots sont inusités au Québec, et que d'autres encore ne figurent pas dans l'ouvrage (*chaud* ou *chaudasse*, par exemple). Dans un dictionnaire à l'usage des Québécois, ces mots ne méritent-ils pas une place comparable à celle que le PR-CD accorde aux nombreux synonymes de *ivre* qui ont cours en France dans la langue familière ?

Prenons un dernier exemple, le mot *fun* :

fun [fœn] n. m. • 1974 ; mot angl. « amusement » ◆ Anglic. Joie délirante et exubérante. Adjt *Ils sont fun.* ◊ Région. (Québec) FUN [fɔn] ou FONNE : amusement. *C'est le fun ! Avoir du fun*, du plaisir, de l'agrément. *« Si t'es pas venu ici pour avoir du fonne, décolle, laisse la place aux autres »* (R. Ducharme).

Il est intéressant de constater que le mot, bien qu'attesté en France seulement depuis 1974, figure déjà dans un dictionnaire, et pas n'importe lequel ; au Québec, où il est relevé depuis 1865, on hésite encore à lui faire une place dans un ouvrage québécois. Il faut aussi souligner le mauvais traitement qui lui est infligé dans le PR-CD : dans *c'est le fun*, le mot n'a pas le sens d' « amusement » ; c'est la locution adjective *le fun* qui a le sens d' « amusant, divertissant ». Cet exemple montre qu'il est important que les québécismes qui font leur entrée dans des ouvrages français soient traités, ou tout au moins revus, par des lexicographes québécois.

Pour illustrer la tolérance ou la souplesse des dictionnaires français quant à l'inclusion des anglicismes, on peut encore citer des mots comme *kit*, *toasteur*, ou *zapper* qui n'est attesté en France que depuis 1986 et pour lequel on a déjà enregistré un emploi figuré, ou encore *tag*, attesté depuis 1981, et qui a déjà donné les dérivés *taguer* et *tagueur* (ou *tagger*) (*cf.* PR-CD). Quand on pense que le mot *mop*, attesté dès le début du Régime anglais, ne passerait pas sans mal dans un dictionnaire québécois, on doit se demander s'il faut

---

5. Au passage, soulignons que la prononciation [pakəte] est impossible au Québec. Soulignons aussi que le verbe *paqueter* est absent de l'ouvrage alors qu'il est courant dans la langue familière au Québec (*se paqueter (la fraise)* ; *paqueter ses affaires, ses petits* ; *paqueter une salle* ; etc.).

absolument être aussi intransigeant devant des anglicismes qui ont résisté au temps.

Une norme québécoise de français ?

Existe-t-il une norme québécoise de français ? Il est plus facile de répondre à cette question après s'être fait une idée plus juste de ce que peut contenir un dictionnaire comme le PR-CD et, surtout, de ce qu'il ne contient pas. Accepter de reconnaître qu'il existe une norme québécoise ne signifie pas, comme le prétendent certains, enseigner le français québécois populaire, souvent appelé *joual*; c'est plutôt reconnaître, comme l'a bien montré Louis Mercier (*cf.* p. 41-60), que la variété de français qui a cours au Québec se distingue suffisamment de celle qui a cours France, et ce, dans tous ses registres, pour justifier une description qui lui soit propre. Il est évident que l'écart entre les variétés de France et du Québec sera moins important si on compare l'usage standard des deux communautés et qu'il ira en s'élargissant dans le registre populaire. Faut-il toutefois le rappeler, nous parlons la même langue et ce n'est pas l'existence et la reconnaissance de toutes ses variétés qui mettront en péril la langue française, mais au contraire, ce sont elles qui font toute sa richesse et qui sont garantes de son maintien.

L'avenir de la lexicographie québécoise et ses défis

La lexicographie, tant par sa pratique que par la réflexion et les débats qu'elle suscite au Québec, joue un rôle *social* dans l'évolution et la perception de l'usage linguistique.

L'enseignement, la recherche, la description du patrimoine linguistique sont autant de domaines où les lexicographes jouent, ou auront à jouer, un rôle important. Les besoins sont multiples, les ouvrages répondant à ces besoins se présentent sous autant de formes.

Dans l'avenir, il m'apparaît important de s'assurer d'une plus grande diffusion des connaissances afin que les gens soient mieux en mesure de participer au débat en ayant un éclairage suffisant sur la question. Reconnaître l'existence d'une norme québécoise de français ne signifie pas pour autant laxisme, nivellement par le bas et acceptation du registre populaire dans l'enseignement et dans toutes les situations de discours. Que cette notion de norme québécoise soit clairement expliquée et que des discussions s'engagent sur les contours à donner à cette norme pour qu'elle soit acceptable à tous les niveaux (enseignement, administration publique, médias...).

Toute la réflexion qui s'est faite sur le français et ses rapports avec le français de France depuis une trentaine d'années a amené les Québécois à mieux se définir comme communauté linguistique. Un tel cheminement ne leur est pas particulier, cette ouverture sur la variation linguistique se constate aussi dans les communautés linguistiques ayant en partage l'anglais, l'espagnol ou le portugais. On assiste à une sorte de décentralisation de la norme dans une volonté de concevoir la langue dans toute sa diversité. Cette diversité étant vue non comme un obstacle, mais comme un enrichissement.

La reconnaissance d'une norme québécoise dans l'enseignement ne signifie pas que les professeurs accepteraient les fautes ou les emplois non appropriés au registre de discours. L'objectif de l'enseignement restera toujours d'amener les élèves à maîtriser l'usage standard dans la communauté, outil indispensable pour réussir à l'école et, plus tard, dans la vie professionnelle.

Le dictionnaire dans l'enseignement

On a déjà vu que le choix de ne pas consigner une grande partie des québécismes dans le dictionnaire sous prétexte que l'on ne veut y décrire que l'usage standard est un choix très discutable. D'une part, il ne s'agit pas de nier ce que l'on dit, donc ce que l'on est. On peut se demander s'il ne serait pas plus pédagogique d'y inclure les mots *char* et *fun* avec les marques d'usage appropriées que de les taire? Les utilisateurs, les élèves trouveraient dans l'article l'équivalent neutre (ou, si l'on veut, standard) de ces mots qu'ils connaissent bien ou qui leur viennent souvent spontanément à l'esprit, ce qui leur donnerait un choix en fonction des diverses situations de discours. L'enseignant aurait là un outil pédagogique qui devrait l'amener à expliquer *toutes* les informations contenues dans un dictionnaire, à apprendre aux élèves à utiliser les renvois, à mettre en relation des mots pour susciter chez l'apprenant une curiosité, pour l'amener à prendre plaisir à trouver le mot le plus juste pour exprimer sa pensée. Les traits propres au français du Québec, considérés trop souvent comme des obstacles à l'apprentissage de la langue, seraient intégrés à cette démarche, et la légitimation d'emplois selon les contextes deviendrait alors un élément qui contribuerait à la valorisation de la langue. Une telle démarche exige toutefois que l'on tienne compte de cet aspect dans la formation des futurs enseignants.

Formation des maîtres

Dans la formation des maîtres, il faut absolument accorder une place importante à la connaissance des dictionnaires et à leur utilisation dans les salles de classe. Ces ouvrages pouvant se révéler des outils pédagogiques extraordinaires surtout au Québec où non seulement ils servent de référence, mais ils peuvent aussi être le point de départ d'une réflexion sur l'usage, les niveaux de langue, les situations de discours, etc. Il appartient aussi aux enseignants de démystifier le dictionnaire, de le présenter comme il doit l'être, c'est-à-dire comme un reflet de la *norme* au sens large et non comme une bible du bon usage.

Outil pédagogique, le dictionnaire doit être au cœur de l'enseignement du français au Québec. Je me permets de rêver d'une classe où il y aurait plusieurs dictionnaires, ce qui permettrait des comparaisons. Des travaux qui inciteraient les élèves à mieux connaître et à avoir davantage recours aux dictionnaires. Des enseignants qui les amèneraient à considérer le dictionnaire comme un guide éclairé plutôt que comme une police de la langue.

Le dictionnaire, oui mais encore...

Peut-on imaginer d'autres ressources pédagogiques complémentaires à l'utilisation du dictionnaire? Si on partait du principe que plutôt que de nier les particularités lexicales des Québécois, on s'en servait comme outil pédagogique... Je verrais bien un petit fascicule qui partirait des mots que les élèves connaissent, pour amener ces derniers à découvrir tout un réseau lexical ou sémantique. Cette démarche – du connu vers le moins connu – viendrait enrichir le vocabulaire des enfants, leur apprendrait notamment les niveaux de langue, qu'ils sentent inconsciemment, et les interdits que cela entraîne, sans compter les synonymes, les contraires, les nuances. On pourrait aussi y présenter de brèves explications, même historiques. On a sans doute tort de croire que les élèves ne peuvent comprendre de telles explications; il faudrait former les enseignants pour qu'ils soient en mesure de transmettre cette matière. Ainsi, au lieu de simplement condamner les mots connus de l'enfant, on devrait s'en servir pour enrichir son vocabulaire, pour le sensibiliser à la justesse, à la précision de la pensée. Par exemple, je pense que tout enfant québécois doit sentir que le mot *puck* est plus familier que *rondelle* et il doit savoir que seul le dernier relève de l'usage standard. Il me semble que cette approche sécuriserait bien davantage un enfant en situation d'apprentissage plutôt que la condamnation de ses usages, ce qui entraîne inévitablement une insécurité et une dévalorisation de sa façon de parler. Nous sommes, au Québec, dans une situation particulière et s'il est parfois intéressant de faire des parallèles avec la France, il y a des points sur lesquels on ne peut en établir. Des emplois que l'on veut condamner ici sont parfois des emplois que les maîtres, comme les élèves, utilisent, ou tout au moins, entendent tous les jours. C'est pourquoi l'élaboration d'une norme québécoise dans l'enseignement doit tenir compte de ces éléments. Faut-il ignorer le verbe *pogner* qui est couramment usité et d'une grande polysémie au Québec? Ne serait-il pas plus rentable ou efficace de s'en servir pour amener les élèves à mieux saisir les nuances entre *prendre, attraper, saisir* ou *agripper*, et à situer *pogner* dans son juste registre? Alors il pourra être considéré comme une faute lorsque l'élève l'emploiera dans une rédaction sans qu'il ne soit motivé. Pourquoi condamner *garde-robe* au profit de *placard* quand on sait que pour la très grande majorité des Québécois, *garde-robe* est le terme le plus neutre?

Dans tout le débat actuel qui fait le procès de l'enseignement du français au Québec, on pourrait explorer l'élaboration de nouveaux outils pédagogiques (et non seulement de dictionnaires), du genre de ce petit fascicule que je viens de décrire. Ce type d'ouvrage pourrait être adapté à différents niveaux allant d'une présentation très simplifiée, à l'usage des plus petits, jusqu'à des explications plus poussées, à l'usage du secondaire et du collégial. Un ouvrage vulgarisateur qui présenterait certains emplois particuliers au français québécois et qui fourniraient des balises sur la norme, sur le sentiment linguistique des locuteurs[6].

Québécisme ou faute?

La distinction entre québécisme et faute est un autre point à inclure dans la réflexion sur la norme au Québec. On a condamné depuis si longtemps tout ce qui était propre au français du Québec que, pour plusieurs, il y a confusion (ou devrions-nous dire *fusion*) entre *québécisme* et *faute*. Il est impératif que cette question soit discutée dans la formation des maîtres pour que ceux-ci aient une idée juste de ce qui relève de l'un et de l'autre. L'attribution du genre féminin à certains mots masculins à initiale vocalique (*une avion, une autobus*, par exemple) est une faute; même si ce phénomène est courant au Québec, ce n'en est pas moins une faute qui doit être corrigée. Cependant, faut-il pour autant les taire dans un dictionnaire? Je ne le crois pas. Sous *avion*, il serait plus juste de faire une remarque sur l'emploi du féminin que de faire comme si ce féminin n'était jamais employé. Pédagogiquement, une telle remarque sera plus efficace que son absence. Et, si je continue de rêver à cette classe virtuelle, j'imagine les élèves discutant de l'emploi de ce féminin, et l'enseignant, qui aura été sensibilisé à cette démarche, pourrait être en mesure de leur expliquer la présence de ce féminin, de leur apprendre que cette faute n'est pas exclusive aux Québécois mais qu'elle se rencontre également dans la langue populaire ailleurs dans la francophonie

---

6. L'ouvrage de Luc Ostiguy et Claude Tousignant (1993), qui porte sur la prononciation, est un exemple qui pourrait servir de guide pour le vocabulaire.

(ce qui n'excuse cependant pas la faute). Explication qu'il devrait être assez facile pour lui de trouver. Par exemple, dans la simple consultation d'ouvrages comme celui de Grevisse (1993), qui recense très souvent des usages que l'on croit propres au Québec, ou encore dans la consultation de dictionnaires anciens, de dictionnaires anglais, etc. Une bonne connaissance de ces outils de référence devrait faire partie de la formation des enseignants. Pourquoi ne pas évoquer de telles avenues à l'heure où la formation des maîtres est à l'ordre du jour dans le débat sur la qualité de la langue.

Je conclurai sur les multiples possibilités qui se dessinent quant à l'utilisation du dictionnaire.

Les versions informatisées des dictionnaires modifient notre façon de consulter ces ouvrages. Le fait notamment de n'avoir qu'à cliquer pour aller et venir d'un mot à l'autre change radicalement notre rapport au dictionnaire et nous ouvre encore plus de portes. Cette possibilité qu'offre le support informatique doit être exploitée et permet à l'utilisateur d'élargir sa connaissance des réseaux lexicaux et, en outre, de tisser des liens entre les emplois que les Québécois ont en propre et ceux qu'ils ont en commun avec les autres francophones.

Avec la constitution de banques de données francophones et de dictionnaires axés davantage sur la francophonie, la lexicographie se diversifie et prend davantage en compte les variétés de français autres que celle de France. Comme l'a souligné Henriette Walter (cf. p. 5-18), cette pluralité du français ne doit pas être vue comme une menace à l'intégrité de la langue mais comme un enrichissement.

Reconnaître qu'il existe au Québec un usage standard qui n'est pas tout à fait celui de France ne signifie pas que l'on prône l'enseignement du verbe *pogner*, de l'adjectif *téteux* ou de sacres à l'école ; cela ne signifie pas non plus que l'on accepte des fautes comme *une avion, une autobus* ou *une hôpital*; cela n'implique surtout pas la volonté de créer une langue à tout prix différente de celle de France. Le fait de consigner des emplois québécois dans un dictionnaire ne consacre pas une rupture avec le français de France mais permet à ceux qui s'intéressent à nos productions d'avoir accès à notre univers culturel, et, plus largement, à notre vision du monde. Ce geste m'apparaît davantage mener à une ouverture sur le monde qu'à une ghettoïsation de la communauté québécoise.

Références

BDLP: *Base de données lexicographiques panfrancophones*, sous la responsabilité de Claude Poirier, avec la collab. de Michel Francard.

BÉLISLE, Louis-Alexandre (1957), *Dictionnaire général de la langue française au Canada*, Québec, Bélisle Éditeur, 1957, 1390 p. [2ᵉ éd., 1971 ; 3ᵉ éd., entièrement refondue et intitulée *Dictionnaire nord-américain de la langue française*, Montréal, Beauchemin, 1979, 1196 p.]

BERGERON, Léandre (1980), *Dictionnaire de la langue québécoise*, Montréal-Nord, VLB éditeur, 574 p.

BLAIS, Suzelle (1998), *Néologie canadienne de Jacques Viger (manuscrits de 1810)*. *Édition avec étude linguistique*, Ottawa, Les Presses de l'Université d'Ottawa («Amérique française, 5»), 316 p.

BLANCHARD, Étienne (1914), *Dictionnaire de bon langage*, Paris, Librairie Vic et Amat, 316 p.

CLAPIN, Sylva (1894), *Dictionnaire canadien-français*, Québec, Les Presses de l'Université Laval («Langue française au Québec, 3ᵉ section: Lexicologie et lexicographie, 2»), 1974, xlvi-388 p. [Réimpr. en fac-similé de l'éd. de 1894.]

CLAS, André (dir.) (1975-1976), *Bibliographie des chroniques de langage publiées dans la presse au Canada*, Montréal, Université de Montréal – Département de linguistique et philologie («Observatoire du français moderne et contemporain»), vol. 1 (*1950-1970*), 1975, xxix-466 p.; vol. 2 (*1879-1949*), 1976, xxxvii-1007 p.

COLPRON, Gilles (1970), *Les anglicismes au Québec. Répertoire classifié*, Montréal, Librairie Beauchemin limitée, 247 p. [Nouv. éd.: Constance Forest et Denise Boudreau, *Dictionnaire des anglicisme. Le Colpron*, Laval, Beauchemin, 1999, xi-381 p.]

CORMIER, Monique C., et Aline FRANCŒUR (2002), «Un siècle de lexicographie au Québec: morceaux choisis», *International Journal of Lexicography*, Oxford, vol. 15, nᵒ 1 (mars: *Les dictionnaires de langue française: tradition et innovation*, sous la dir. de Jean Pruvost), p. 55-73.

DAGENAIS, Gérard (1967), *Dictionnaire des difficultés de la langue française au Canada*, Québec – Montréal, Éditions Pedagogia inc., xv-679 p [Nouv. éd.: Boucherville, Les Éditions françaises inc., 1984, xv-538 p.]

DFV: DAVAU, Maurice, Marcel COHEN et Maurice LALLEMAND, *Dictionnaire du français vivant*, Paris – Bruxelles – Montréal, Bordas, 1972, xvii-1338 p.

DFP: *Dictionnaire du français plus à l'usage des francophones d'Amérique*, édition établie sous la responsabilité de A. E. Shiaty, avec la collab. de Pierre Auger et de Normand Beauchemin, Montréal, Centre Éducatif et Culturel inc., 1988, xxiv-1856 p. [Rédacteur principal: Claude Poirier, avec le concours de Louis Mercier et de Claude Verreault.]

DFQ: POIRIER, Claude (dir.), *Dictionnaire du français québécois. Description et histoire des régionalismes en usage au Québec depuis l'époque de la Nouvelle-France jusqu'à nos jours incluant un aperçu de leur extension dans les provinces canadien-*

nes limitrophes, Sainte-Foy, Les Presses de l'Université Laval («Trésor de la langue française au Québec»), 1985, xxxviii-167 p.

DHFQ: POIRIER, Claude (dir.), *Dictionnaire historique du français québécois. Monographies lexicographiques de québécismes*, Sainte-Foy, Les Presses de l'Université Laval («Trésor de la langue française au Québec»), 1998, lx-640 p.

Dictionaire CEC Jeunesse, Montréal, Centre Éducatif et Culturel inc., 1986, 1198 p. [Nouv. éd. revue et corrigée; 1re éd.: 1982.]

DIONNE, Narcisse-Eutrope (1909), *Le parler populaire des Canadiens français*, Québec, Les Presses de l'Université Laval («Langue française au Québec, 3e section: Lexicologie et lexicographie, 3»), 1974, xxiv-670 p. [Réimpr. en fac-similé de l'éd. de 1909.]

DQA: *Dictionnaire québécois d'aujourd'hui. Langue française, histoire, géographie, culture générale*, rédaction dirigée par Jean-Claude Boulanger, supervisée par Alain Rey, Saint-Laurent (Québec), DicoRobert Inc., 1992, xxxv-1269 p. + 343-lxii p. [1re éd.; 2e éd. revue et corrigée: 1993.]

DQF: MENEY, Lionel, *Dictionnaire québécois français. Pour mieux se comprendre entre francophones*, Montréal, Guérin, 1999, xxxiv-1884 p.

DUBOIS, Jean, Mathée GIACOMO, Louis GUESPIN, Christiane MARCELLESI, Jean-Baptiste MARCELLESI et Jean-Pierre MÉVEL (1994), *Dictionnaire de linguistique et des sciences du langage*, Paris, Larousse («Trésors du français»), lx-514 p.

DUF: *Dictionnaire universel francophone*, Paris, AUPEL-UREF – Hachette Edicef, 1997, xii-1554 p.

DUNN, Oscar (1880), *Glossaire franco-canadien*, Québec, Les Presses de l'Université Laval («Langue française au Québec, 3e section: Lexicologie et lexicographie, 4»), 1976, xxv-196 p. [Réimpr. en fac-similé de l'éd. de 1880.]

GAGNON, Lysiane (1993), «La langue du Bye Bye», *La Presse*, Montréal, 9 janvier, p. B3.

GPFC: *Glossaire du parler français au Canada*, préparé par la Société du parler français au Canada avec le concours de ses membres, de ses correspondants et de ses comités d'étude, Québec, Les Presses de l'Université Laval («Langue française au Québec, 3e section: Lexicologie et lexicographie, 1»), 1968, xix-709 p. [Réimpr. en fac-similé de l'éd. de 1930.]

GREVISSE, Maurice (1993), *Le bon usage. Grammaire française*, Paris, Duculot, xxxviii–1762 p. [13e éd. refondue par André Goosse.]

GUÉRIN, Paul (dir.) (1892), *Dictionnaire des dictionnaires*, Paris, Librairies-Imprimeries réunies, 6 vol.; *Supplément*, 1895.

HALFORD, Peter W. (1994), *Le français des Canadiens à la veille de la Conquête. Témoignage du père Pierre Philippe Potier, s.j.*, Ottawa, Les Presses de l'Université d'Ottawa («Amérique française, 2»), xi-380 p.

JUNEAU, Marcel (1977), *Problèmes de lexicologie québécoise. Prolégomènes à un Trésor de la langue française au Québec*, Québec, Les Presses de l'Université Laval («Langue française au Québec, 3e section: Lexicologie et lexicographie, 5»), 278 p.

LÉARD, Jean-Marcel (1992), « Le québécois entre linguistes et idéologues. Le *Dictionnaire québécois d'aujourd'hui* fait la preuve que le québécois est un parler riche sur le plan lexical », *Le Devoir*, Montréal, 29 décembre, p. 13.

MAGUIRE, Thomas (1841), *Manuel des difficultés les plus communes de la langue française, adapté au jeune âge, et suivi d'un recueil de locutions vicieuses*, Québec, Fréchette & Cie, 184 p.

MAJOR, André (1992), « Dis-le dans tes mots, moman va comprendre », *Le Devoir*, Montréal, 12 décembre, p. B10.

MANSEAU, J.-A. (1881), *Dictionnaire des locutions vicieuses du Canada avec leur correction, suivi d'un dictionnaire canadien*, Québec, J. A. Langlais libraire-éditeur, 119 p.

Maxi débutants, édition canadienne. 20 000 mots, Boucherville, Larousse – Les éditions françaises, 1986, 933 p. [2ᵉ éd. : 1989.]

Mini débutants: mon premier vrai dictionnaire. Édition canadienne, Boucherville, Larousse – Les Éditions françaises inc., 1986, 512 p.

OFFICE DE LA LANGUE FRANÇAISE (1969), *Canadianismes de bon aloi*, Québec, Gouvernement du Québec (« Cahiers de l'Office de la langue française, 4 »), 37 p.

OSTIGUY, Luc, et Claude TOUSIGNANT (1993), *Le français québécois. Normes et usages*, Montréal, Guérin Universitaire, 247 p.

PLarousse: *Nouveau Petit Larousse 1969*, Paris, Librairie Larousse, 1969, 1790 p.

POIRIER, Claude (1986), « Les avenues de la lexicographie québécoise », dans Lionel Boisvert, Claude Poirier et Claude Verreault (éd.), *La lexicographie québécoise: bilan et perspectives. Actes du colloque organisé par l'équipe du Trésor de la langue française au Québec et tenu à l'Université Laval les 11 et 12 avril 1985*, Québec, Les Presses de l'Université Laval (« Langue française au Québec, 3ᵉ section: Lexicologie et lexicographie, 8 »), p. 269-280.

—— (1988), « Problèmes et méthodes d'un dictionnaire général du français québécois », *Revue québécoise de linguistique théorique et appliquée*, Trois-Rivières, vol. 7, n° 1 (janvier: *Pour un dictionnaire du français québécois: propositions et commentaires*, dirigé par Thomas Lavoie et Claude Paradis), p. 13-54.

PR-CD: *Le Petit Robert sur CD-ROM. Version électronique du Nouveau Petit Robert. Dictionnaire alphabétique et analogique de la langue française*, Paris, Dictionnaires Le Robert/VUEF, 2001. [Nouv. éd. (version 2); 1ʳᵉ éd., 1996.]

PRobert: ROBERT, Paul, *Le Petit Robert. Dictionnaire alphabétique et analogique de la langue française*, Paris, Société du Nouveau Littré, 1977, xxxi-2171 p. [Nouv. éd.; rédaction dirigée par Alain Rey et Josette Rey-Debove.]

RDA: *Le Robert. Dictionnaire d'aujourd'hui. Langue française, histoire, géographie, culture générale*, Paris, Dictionnaires Le Robert, 1991, 1091 + 353 + lxv p. [Rédaction dirigée par Alain Rey.]

Robert: ROBERT, Paul, *Le Grand Robert de la langue française. Dictionnaire alphabétique et analogique de la langue française*, Paris, Le Robert, 1985, 9 vol. [2ᵉ éd. entièrement revue et enrichie par Alain Rey.]

SOCIÉTÉ DU PARLER FRANÇAIS AU CANADA, La (1930-1945), « Corrigeons-nous », *Le Canada français*, Québec, février 1930 – juin 1945 (148 feuillets).

TLF : *Trésor de la langue française. Dictionnaire de la langue du XIXe et du XXe siècle (1789-1960)*, publié sous la dir. de Paul Imbs puis de Bernard Quemada, Paris, Éditions du Centre national de la recherche scientifique – Gallimard, 1971-1994, 16 vol.

VILLERS, Marie-Éva de (1988), *Multidictionnaire des difficultés de la langue française*, Montréal, Éditions Québec/Amérique, xxxi-1142 p. [3e éd. : 1997, xxiv-1532 p.]

—— (1993), « Le Robert ? Tsé veux dire… », *L'Actualité*, Montréal, 1er février, p. 56.

TABLE DES MATIÈRES